ENRIQUE SÁNCHEZ RIVAS

¡HOY JUGAMOS EN CLASE!

Recursos para enseñar a través de juegos

WANCEULEN
EDITORIAL DEPORTIVA

Título: ¡HOY JUGAMOS EN CLASE!. Recursos para enseñar a través de juegos.

Autor: ENRIQUE SÁNCHEZ RIVAS

Diseño de cubierta: DIEGO JIMÉNEZ MANZANO

Editorial: WANCEULEN EDITORIAL DEPORTIVA, S.L.
             C/ Cristo del Desamparo y Abandono, 56   41006 SEVILLA

             www.wanceulen.com   infoeditorial@wanceulen.com

I.S.B.N.:   978-84-9993-228-6

©Copyright: WANCEULEN EDITORIAL DEPORTIVA, S.L.
Primera Edición: Año 2011

ÍNDICE

INTRODUCCIÓN

La actividad lúdico-motriz hace referencia a la unión natural que existe entre juego y movimiento. Pese a que su principal manifestación es el juego, en una acepción amplia también abarca al deporte, que no deja de ser un tipo de juego.

A lo largo de la historia, todas las culturas han desarrollado la actividad lúdico-motriz a través de diferentes manifestaciones. Por ello, desde la antropología se apunta la inherente necesidad humana de jugar. Necesidad que se torna más acuciante en edades tempranas. La sociedad utiliza el juego como un medio para transmitir pautas de comportamiento, reglas, estrategias de colaboración, o de competición.

La escuela, como instrumento social para la enculturación, no debe ser ajena a la importancia del juego. Y no lo es, las nuevas corrientes de la Educación Física lo contemplan en dos vertientes: como un contenido de la materia y como un medio para enseñanza de otros contenidos. Este libro constituye una propuesta de profundización en la implementación didáctica del juego. Toda la asignatura podría impartirse a través de actividades lúdico-motrices, sin perder un ápice de su esencia e incrementando sustancialmente el factor motivacional, tan importante en los procesos de enseñanza y aprendizaje.

El libro se estructura en dos partes. En primer lugar se abordan cuestiones didácticas (el juego como método de enseñanza), que permitirán al lector conocer cómo programar las actividades, cómo llevarlas a clase o cómo evaluarlas. Cuestiones que se abordan de una forma amena, sin profundizar más de lo que es preciso para llevar a la práctica la propuesta pedagógica. En segundo lugar, se enfoca el tratamiento de la actividad lúdico-motriz como contenido que permite desarrollar diferentes competencias y capacidades en el alumnado. Todo ello, desde una perspectiva coherente con las disposiciones del actual sistema educativo y las más recientes teorías pedagógicas.

La presentación de la información responde a un planteamiento eminentemente práctico, basado en la experiencia. Esto exige presentar recursos concretos para aplicar los juegos. Recursos que no siempre pueden disponerse en el soporte del un libro. Por ello, se complementa la información con un blog, en el que tienen cabida: animaciones, vídeos, secuencias de audio, fichas didácticas, programaciones, enlaces, etc.

www.hoyjugamosenclase.blogspot.com

Es un libro híbrido (papel-blog), dirigido a personas que desarrollan su labor profesional en el ámbito educativo o que, simplemente, están interesadas en integrar las actividades lúdico-motrices en la educación de sus hijos.

Capítulo 1

EL JUEGO Y EL DEPORTE EN LA EDUCACIÓN

1. EL JUEGO

Huizinga (1972) afirma que el juego es una actividad voluntaria que se practica dentro de ciertos límites de tiempo y lugar; siguiendo una regla libremente consentida y completamente imperiosa. Como acción, está provista de un fin en sí misma y acompañada de un sentimiento de tensión, alegría y una conciencia de que se está haciendo, en ese momento, algo diferente a lo cotidiano.

Pero, ¿por qué se juega? ¿Qué mueve a la persona a jugar? La respuesta a este interrogante permitirá al docente tomar decisiones tendentes a aumentar la motivación por jugar entre el alumnado. Diversos autores han tratado de responder a esta cuestión. Stern (1935) sintetiza todas las aportaciones en tres grupos según su perspectiva en el tiempo:

- *Teorías del presente*. Plantean que el juego contribuye a eliminar la energía sobrante del ser humano tras realizar otras actividades. Los autores más representativos de este grupo son: Spencer y Lazarus.

- *Teorías del pasado*. Aplican al juego la "Ley de la biogénesis". Afirman que mediante el juego se recuperan conductas primitivas. El autor más significativo es Stanley Hall.

- *Teorías del futuro*. El juego se entiende como una actividad preparatoria para la vida. En este grupo destaca la aportación de Gross.

Lavega (2003) afirma que, desde el ámbito educativo, se ha de potenciar la riqueza lúdica del juego. Para ello deberá caracterizarse por ser una actividad:

- *Voluntaria.* Cada persona decide cuando empieza y cuando termina de jugar.

- *Placentera.* Sus actores deben vivenciar una experiencia agradable mientras juegan.

- *Espontánea.* Las acciones instintivas tienen cabida en la actividad.

- *Desinteresada.* Con el juego se busca, esencialmente, disfrutar del presente.

- *Incierta.* Todo juego comporta una aventura, un reto cuyas conclusiones se desconocen *a priori.*

- *Ambivalente.* El juego está plagado de contrastes: encierra emociones contrapuestas.

- *Consciente.* El juego es una práctica llena de decisiones, de acciones inteligentes.

- *Estética.* Todo juego es generador de una armonía y de un orden agradable de jugar y de observar.

- *Ficticia.* El juego es una práctica llena de símbolos, fantasía y representaciones de metáforas.

- *Seria.* El juego es una práctica muy seria para sus actores.

El juego se ha clasificado a partir de múltiples criterios. Desde el punto de vista educativo resulta interesante la propuesta de Piaget. Atendiendo al momento de aparición de la actividad lúdica en el desarrollo cognitivo, contempla las siguientes categorías:

a) *Juegos de ejercicio.* Aparecen en los dos primeros años, en el "Estadio de pensamiento sensoriomotor". En un primer momento, los juegos se basan en gestos espontáneos para después hacerlo en la reproducción de movimientos.

b) *Juegos simbólicos.* Aparecen entre los dos y los siete años, en el "Estadio de pensamiento preoperatorio". Los juegos evolucionan desde el carácter individual (reflejo del egocentrismo infantil) hacia la dimensión socio-dramática, con la entrada en escena del "otro". Navarro (2002), en relación con la Educación Física, propone los siguientes tipos de juegos simbólicos:

  - Juego motor de imitación.
  - Juego de fantasía (de actuación dramática).
  - Juego con estructuras rítmicas y lingüísticas.

- Juego motor simbólico con reglas.
- Juegos simbólicos tradicionales.
- Grandes juegos.

Gran juego: "Mega-pichi"

c) *Juegos de reglas.* Aparecen a partir de los siete años, manifestándose en todos los estadios restantes del desarrollo cognitivo ("Operaciones concretas" y "Operaciones formales"). Se aprecia una evolución desde una concepción rígida de las reglas hasta su flexibilización. Además, éstas se irán complicando progresivamente. Navarro (2002), desde la perspectiva de la Educación Física, propone los siguientes tipos de juegos simbólicos:

- Juego deportivo.
- Juego cooperativo.
- Juegos alternativos.
- Juegos motores tradicionales de reglas.
- Juegos motores en la naturaleza.

Juegos en la naturaleza: "La torre más alta"

2. EL JUEGO COMO ACTIVIDAD EDUCATIVA

El juego como actividad motriz natural y global, es un medio para la educación integral, contribuyendo al desarrollo de todos los ámbitos de la personalidad (López Sánchez, 2000):

- Cognitivo. Facilita el conocimiento (de sí mismo, del entorno, de los demás...) y la organización de las percepciones.

- Motriz. Favorece el desarrollo anatómico-funcional del cuerpo, contribuye a la mejora de la salud y es un medio para compensar las consecuencias de la falta de movimiento.

- Afectivo. Cumple funciones hedonistas y catárticas.

- Social. Favorece el establecimiento de relaciones, la comunicación, comprensión de la cultura... Al tiempo que permite al sujeto demostrar su propia competencia.

3. EL DEPORTE

Parlebás (1987), después de llevar a cabo un laborioso estudio, concluye que el deporte es el conjunto finito y enumerable de situaciones motrices, codificadas bajo la forma de competición e institucionalizada. Se caracteriza por ser:

- Situación motriz: realización de una actividad física, no solo mecánica sino también conductual.

- Juego: el deporte es un género particular de juego y, por tanto, posee sus características esenciales.

- Competición: el carácter agonístico se constituye en su propia esencia.

- Reglamentación: supone la creación del reglamento, que es un sistema de normas con una lógica intrínseca que marca los requisitos necesarios para el desarrollo de la acción de juego y que determina, en parte, la lógica interna del deporte que regula.

- Institucionalización: implica el auspicio de una institución creada para preservar el reglamento (y revisarlo), proponer los jueces, homologar las marcas y establecer espacios de juego.

Sánchez Bañuelos (2003), al considerar los aspectos didácticos concretos de cada deporte, los clasifica en dos grandes grupos:

- *Deportes Básicos*. Son aquellos que están más directamente relacionados con las *Habilidades Motrices Básicas* (desplazamientos, saltos, giros, lanzamientos y recepciones). Se desarrollan en un entorno estable y no suponen gran exigencia con respecto a los mecanismos de percepción y decisión. El atletismo, la natación y la gimnasia son ejemplos de deportes básicos.

- *Deportes Complejos*. Son aquellos que se desarrollan en un entorno cambiante o implican situaciones de competencia directa con un adversario (o varios). Suponen un alto grado de exigencia con respecto a los mecanismos de percepción, decisión y ejecución. Algunos ejemplos son: el tenis, la lucha, el baloncesto, etc.

4. EL DEPORTE COMO ACTIVIDAD EDUCATIVA

Cagigal (1981) plantea que el deporte, para contar con la consideración de actividad educativa, debe proponerse objetivos tendentes a potenciar el desarrollo del alumnado en una doble dimensión: individual y social.

a) *Dimensión individual*. Engloba los ámbitos motor, afectivo y cogniti-vo de la personalidad. Y se concreta en la consecución de las siguientes competencias:

1. Eficiencia fisiológica. Buen funcionamiento de las capacidades funcionales (cardiorrespiratorias, mecánica y neuromuscular).

2. Ampliación del repertorio motriz. Aumento del número de habili-dades y mejora de la coordinación.

3. Equilibrio psíquico. Control emocional y organización mental de las pautas de acción.

4. Orientación espacial. Ajuste del movimiento a los estímulos exter-nos.

5. Autonomía en la manipulación de objetos. Implica el uso de habi-lidades vinculadas a la motricidad fina.

b) *Dimensión social*. Abarca los objetivos relacionados con el desarrollo de competencias sociales en los siguientes ámbitos:

1. Comunicación con el grupo de pares.

2. Integración grupal y la colaboración para alcanzar metas comu-nes.

3. Comprensión de determinados aspectos socio-culturales presen-tes en los deportes.

Convertir una actividad puramente deportiva en una actividad educativa que permita desarrollar las competencias anteriormente alu-didas implica, por parte del docente, realizar una serie de adaptaciones en los siguientes aspectos:

- *Carácter Agonístico*. La competición no debe tener una finalidad en sí misma, sino que debe convertirse en un medio para la motivación del alumnado; animándoles a superar las dificultades, cohesionar el grupo y cooperar. En definitiva, se trata de reducir el componente agonístico del deporte al tiempo que se incrementa el lúdico y co-operativo.

- *Tratamiento de la reglamentación*. Supone fomentar el juego limpio y el respeto de las normas. No obstante la reglamentación deberá quedar supeditada al valor educativo del deporte, constituyéndose así en un medio más para la formación. Así surgen las situaciones motrices en las que se han modificado los elementos estructurales de un deporte o se introducen sus reglas progresivamente.

- *Espíritu coeducativo.* El deporte está plagado de componentes sexistas y discriminatorios, desde las más altas instancias que lo regulan hasta las propias competiciones (segregadas por sexo). Un tratamiento educativo exige la realización de modificaciones que destierren estos prejuicios. Para ello, el docente cuidará el vocabulario, evitará demostrar expectativas diferenciadas según el sexo y promoverá la formación de equipos mixtos.

Una vez establecidos los objetivos y estudiadas las modificaciones a realizar para el diseño de actividades deportivas educativas, es el momento de afrontar cómo debe ser su formación de base. La iniciación deportiva es el proceso de enseñanza-aprendizaje encaminado a adquirir el conocimiento y la capacidad de ejecución de un deporte, con adecuación a su técnica, táctica y reglamento (Hernández, 1985).

Posada (2000) estructura este proceso en cuatro grandes niveles formativos:

1. *Familiarización.* Persigue motivar y "enganchar" al sujeto mediante el uso exclusivo de juegos.

2. *Iniciación técnica.* Busca establecer las bases técnico-tácticas (o habilidades específicas) mediante juegos y situaciones lúdicas.

3. *Formación técnica.* Perfeccionamiento técnico-táctico y adaptación completa al reglamento. Se combinan juegos y ejercicios analíticos.

4. *Competición.* Pretende el máximo rendimiento.

Con respecto a su aplicación didáctica, en la iniciación deportiva se pueden utilizar tres tipos diferentes de actividades (Posada, 2000):

- *Ejercicios*, para conseguir un refuerzo analítico de los gestos técnico-tácticos.

- *Situaciones pedagógicas*, que surgen de la modificación de ciertos elementos estructurales del juego para adaptarlo al alumnado.

- *Situaciones adaptadas*, con una estructura similar al juego institucionalizado pero resultante de la incorporación paulatina de las normas del reglamento oficial.

Situaciones adaptadas de Atletismo

Capítulo 2

PROGRAMACIÓN EDUCATIVA DE ACTIVIDADES LÚDICO-MOTRICES

1. PROGRAMAR EN LA ESCUELA

La complejidad de la realidad educativa y su sentido dinámico incrimina y, a la vez, atribuye a los profesionales de la educación la necesidad de entablar un proceso reflexivo sobre sus acciones. Dicho proceso se inicia con la programación. "Programar es anticiparse de forma reflexiva al proceso educativo, anticiparse a la acción, lo que supone describir previamente una actividad en sus diferentes fases o elementos y donde se sistematiza, ordena y secuencia eficazmente el trabajo en Educación Física" (Sánchez Bañuelos, 2003: 74).

El sistema educativo contempla, a través de su desarrollo legislativo, la obligación del docente de diseñar un currículum.

En nuestra opinión, el currículum supone la concreción del conocimiento considerado útil por la sociedad en propuestas de trabajo que serán experimentadas a lo largo del proceso educativo formal con el fin de propiciar la enculturación y emancipación intelectual de los nuevos miembros de la comunidad a través de la adquisición de competencias.

El diseño curricular requiere programar la enseñanza de acuerdo con un marco normativo común que establece las enseñanzas mínimas y que está recogido en la legislación (primer nivel de concreción curricular), y en consonancia con el Proyecto Educativo del centro, (segundo nivel de concreción curricular). Considerando lo expuesto en estos documentos, los docentes toman las decisiones específicas para desarrollar el área curricular o asignatura. Éstas quedan recogidas y organizadas en la Programación (tercer nivel de concreción curricular).

Las programaciones son instrumentos específicos de planificación, desarrollo y evaluación de cada área del currículo establecido por la normativa vigente. Las programaciones sirven de referencia para construir instrumentos de planificación más concretos, como son: la unidad didáctica, la sesión y la tarea.

Amplía conocimientos y descarga
ejemplos en:
www.hoyjugamosenclase.com

1.1. La unidad didáctica

La unidad didáctica supone la concreción de procesos de enseñanza-aprendizaje, entendidos como unidades de trabajo completas en sí mismas y articuladas en torno a unos ejes organizadores (MEC, 1989. En Sánchez Bañuelos, 2003).

Posada (2000: 29), en un análisis del término, plantea que "se denomina UNIDAD porque representa un proceso articulado y completo de enseñanza-aprendizaje y unas actividades de evaluación. Se llama DIDÁCTICA por ser la unidad elemental de programación de la acción pedagógica".

Con respecto a su planificación, se establecen dos momentos fundamentales:

- *Momento de diseño.* Consta de los siguientes elementos:

    1- Objetivos didácticos.
    2- Contenidos.
    3- Recursos didácticos.

- *Momento de desarrollo.* Consta de los siguientes elementos:

    4- Actividades de enseñanza-aprendizaje.
    5- Orientaciones metodológicas.
    6- Evaluación del aprendizaje del alumnado y del proceso de enseñanza.

Estos seis aspectos conforman el esqueleto de la unidad didáctica. Constituyen los puntos esenciales que debe contener la unidad didáctica para ser considerada como tal. Sin embargo, no se trata de una propuesta cerrada sino que puede, y debe, ser enriquecida con cualquier información que el docente considere necesaria para su aplicación; como son, por ejemplo, los aspectos propios de cada área curricular. A continuación presentamos una adaptación de este esquema para Educación Física (adaptado de Fernández, 2003: 104).

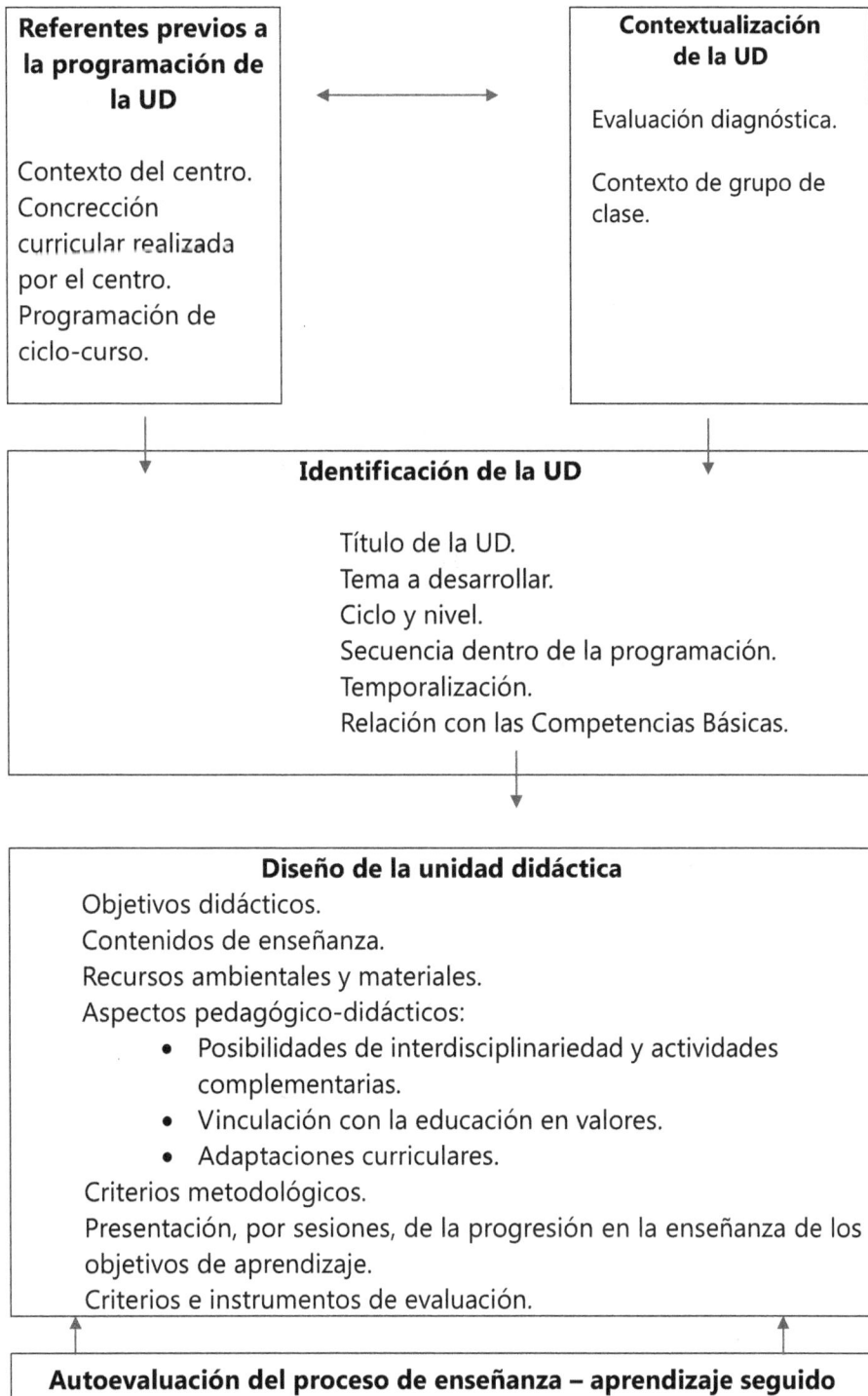

Referentes previos a la programación de la UD

Contexto del centro.
Concreción curricular realizada por el centro.
Programación de ciclo-curso.

Contextualización de la UD

Evaluación diagnóstica.

Contexto de grupo de clase.

Identificación de la UD

Título de la UD.
Tema a desarrollar.
Ciclo y nivel.
Secuencia dentro de la programación.
Temporalización.
Relación con las Competencias Básicas.

Diseño de la unidad didáctica
Objetivos didácticos.
Contenidos de enseñanza.
Recursos ambientales y materiales.
Aspectos pedagógico-didácticos:
- Posibilidades de interdisciplinariedad y actividades complementarias.
- Vinculación con la educación en valores.
- Adaptaciones curriculares.
Criterios metodológicos.
Presentación, por sesiones, de la progresión en la enseñanza de los objetivos de aprendizaje.
Criterios e instrumentos de evaluación.

Autoevaluación del proceso de enseñanza – aprendizaje seguido

1.2. La sesión

Viciana (2002: 208) define la sesión como la "unidad mínima de programación que estructura y organiza el currículo, y precisa de un marco de referencia (unidad didáctica) para, conjuntamente con otras sesiones, cobrar un sentido en los aprendizajes de los alumnos".

Sánchez Bañuelos señala que en el diseño de la sesión hay que tener en cuenta dos aspectos de gran relevancia:

a) El tiempo de clase deber ser aprovechado de forma que se ofrezca al alumnado la máxima posibilidad de participación.

b) Estructurar el tiempo. Se debe partir de una distribución racional de los contenidos para lograr, con la máxima eficiencia, los objetivos pretendidos.

El esquema de la sesión de actividades lúdico-motrices ha sido y es objeto de diferentes propuestas o interpretaciones. A continuación, siguiendo el estudio de López Pastor (2001), se presentan los modelos más significativos en el contexto educativo actual.

Modelos Tradicionales. Tienen su origen en el modelo de sesión que plantean Gaulhofer y Streicher en su obra *Natürliches Turnen* (1932). Se erigen como una de las señas de identidad del "Método Natural Austriaco", encuadrado en los Sistemas Naturales de entrenamiento.

MODELO DE SESIÓN ORIGINAL (Gaulhofer y Streicher)

1ª PARTE: EJERCICIOS VIVIFICANTES

2ª PARTE: EJERCICIOS DE TRONCO, EQUILIBRIO, FUERZA, PERICIA, MARCHA, CARRERA Y SALTOS

3ª PARTE: EJERCICIOS CALMANTES

En la actualidad, la estructura sigue teniendo vigencia (no así la restricción de contenidos de la segunda parte). El modelo tradicional de sesión se organiza como sigue:

1ª PARTE: CALENTAMIENTO O ANIMACIÓN.
2ª PARTE: PRINCIPAL O FUNDAMENTAL.
3ª PARTE: VUELTA A LA CALMA.

Evolución del modelo tradicional. Desde la literatura específica se han propuesto múltiples variables para adaptar el modelo tradicional a las actuales tendencias educativas. Una de las aportaciones más significativas es la de Saénz-López (1997), que aboga por introducir cambios en el modelo tradicional. Su propuesta de sesión se desglosa en las siguientes fases:

- FASE INICIAL. Posee dos subfases: "organizativa" y "puesta en acción". La primera implica la organización del material necesario y la trasmisión de información al alumnado acerca de la sesión. La "puesta en acción" marca el inicio de la actividad física y puede realizarse a través de un calentamiento (a partir de once a doce años) o mediante juegos (hasta once años).

Calentamiento a través del juego "Frontera"

- FASE FUNDAMENTAL. Debe caracterizarse por:
    - Duración superior a la de las otras dos fases juntas.
    - Desarrollar los objetivos y contenidos en la sesión.
    - Contener actividades variadas y globalizadas.
    - Progresar de lo simple a lo complejo y de lo general a lo específico.

- FASE FINAL. Con dos subfases: una "práctica" (mediante una vuelta a la calma o actividad final motivante) y otra "organizativa", que comprende una valoración colectiva acerca de la sesión y un tiempo prudencial para que el alumnado pueda asearse después de la actividad física.

Modelos pedagógicos. Las dos categorías anteriores recogen modelos de sesión cuyo origen se encuentra en el entrenamiento deportivo-físico. Ante esto surgen otros modelos completamente distintos, elaborados sobre una base pedagógica, más acordes y coherentes con los planteamientos educativos actuales.

Una de las propuestas más interesantes es la de Blández (1998), que opta por diseñar "ambientes de aprendizaje[1]" a partir de los cuales estructurar la sesión en las siguientes partes:

- ENCUENTRO INICIAL. Se recuerdan las normas de comportamiento que hay que respetar y se invita a jugar libremente.

- DESARROLLO DE LA ACTIVIDAD. El alumnado juega libremente, sin la intervención docente, salvo en caso de accidente o conducta disruptiva.

- PUESTA EN COMÚN. Los niños y niñas hablan sobre lo que han hecho o sobre problemas surgidos durante el juego.

Puesta en común después de clase

Ver su aplicación en clase:
www.hoyjugamosenclase.com

---

[1]   Son espacios acondicionados para un fin concreto, y que son tan sugerentes que por sí mismos atraen la atención del alumnado para utilizarlos.

1.3. La actividad de enseñanza y aprendizaje

La actividad de enseñanza-aprendizaje, como elemento curricular, constituye el nexo de unión entre los contenidos (una vez seleccionados, secuenciados y organizados) y la metodología.

Díaz (1994), en función de las finalidades perseguidas en el proceso de enseñanza y aprendizaje, identifica los siguientes tipos de actividades:

- *Iniciación* al tipo de habilidad a trabajar. Suelen usarse cuando se trata de contenidos nuevos para el alumnado.

- *Desarrollo*: actividades que van a servir para el trabajo de los objetivos didácticos de la unidad.

- *Ampliación-profundización*: actividades que van a permitir atender al un grupo cuyos miembros tienen diferentes ritmos de aprendizaje.

- *Síntesis*: actividades para recordar aspectos trabajados en unidades o sesiones anteriores.

- De *adecuación al entorno*: conectan al sujeto con el entorno próximo, aprovechando sus recursos.

- *Integradas*, en las que se trabajan simultáneamente contenidos referidos a varias áreas de conocimiento.

- De *evaluación*, como reflejo del carácter continuo de este proceso.

La actividad de enseñanza-aprendizaje debe tener las siguientes características:

a) *Partir del nivel de desarrollo del sujeto*. En el caso de actividades lúdico-motrices hay que prestar especial atención al nivel de desarrollo motor. En este sentido, Martín Llaudes (1995) identifica etapas sensibles y críticas para según qué contenidos. Por ejemplo, antes del comienzo de la pubertad se ubica la "edad de oro para el aprendizaje de habilidades".

b) *Significatividad lógica*. Se ha de guardar una coherencia con la lógica interna de la materia, progresando de lo general a lo particular y de lo simple a lo complejo.

c) *Significatividad psicológica*. El proceso de enseñanza tiene que partir de los conocimientos previos del alumnado ya que, como se desprende de la "Teoría de los modelos adaptativos del esquema motor" (Schmidt, 1988), el aprendizaje motor se realiza gracias a la adaptación de esquemas motores que el individuo ya poseía, dando lugar a nuevos esquemas que permiten solventar las nuevas situaciones motrices.

d) *Principio del interés*. Es importante despertar el interés por la materia. Para ello, cuando se planifiquen las actividades es recomendable garantizar el éxito motriz del alumnado en la tarea. Además, la presentación de éstas se realizará de forma que resulten atractivas y motivadoras.

e) *Intensa actividad por parte del alumnado*. La "Teoría constructivista" plantea que el individuo elabora el conocimiento a partir de la interacción entre la información que obtiene de la experiencia y sus esquemas de conocimiento anteriores. De ahí la necesidad de que el alumnado obtenga un gran número de nuevas experiencias motrices en las tareas: de que el aprendizaje sea vivencial.

f) *Significatividad en el aprendizaje*. La "Teoría del aprendizaje significativo de Ausubel" plantea que la modificación de los esquemas mentales de conocimiento se produce gracias a la comprensión de los nuevos contenidos, y no a su mera repetición. En la actividad lúdico-motriz, la comprensión se logra al centrar la tarea en los mecanismos perceptivo y cognitivo del acto motor, y no solo en el ejecutivo.

g) *Funcionalidad*. El aprendizaje tiene que ser aplicable fuera del contexto escolar. Para ello la actividad lúdico-motriz tiene que estar contextualizada, considerando las posibilidades que ofrece el entorno en el que está ubicado el centro educativo.

h) *Aprendizaje compartido*. Otra de las conclusiones a las que llega el constructivismo es que el aprendizaje elaborado entre iguales es mucho más significativo que el impuesto desde fuera por un experto en la materia (como el docente). De ahí la importancia de fomentar el trabajo de tipo cooperativo y las organizaciones por subgrupos.

Las actividades lúdicas tienen unos elementos estructurales propios que las diferencian con respecto a otras. Su diseño se articula a partir de la "ficha de juegos", cuyo formato es el siguiente.

IDENTIFICACIÓN

Título del juego: Pichi fútbol.
Sesión de referencia: Pre-béisbol.
Unidad didáctica de referencia: Juegos predeportivos.
Etapa educativa: Educación Primaria.
Curso: 5º y 6º.

CONTENIDOS PRINCIPALES	ORIENTACIONES METODOLÓGICAS
• Normas básicas del béisbol. • Fundamentos técnico-tácticos del béisbol. • Respeto por las normas, • Valoración como alternativa de ocio.	Es conveniente aclarar las normas bien y seleccionar a alumnos que desempeñen funciones de árbitros.

ORGANIZACIÓN INICIAL	DESARROLLO
Se distribuye al alumnado en dos equipos. Un equipo se coloca en situación de "patear" (en fila, tras la línea de fondo). El otro equipo se dispersa por el terreno de juego, dejando a un miembro en situación de "pichi" (encargado de lanzar al pateador). Se colocan cinco conos (bases) formando un semicírculo a lo largo de todo el terreno de juego. Y un aro frente al "pateador", en la ubicación del "pichi".	El "pichi" lanza al "pateador", que golpea la pelota lo más lejos posible. El "pateador" comienza la carrera alrededor de las bases. Mientras tanto, el equipo contrario recoge la pelota y se la pasa lo antes posible al "pichi". Éste gritará "pichi" al tiempo que bota la pelota. En ese momento el corredor tendrá que haber completado la carrera o estar refugiado en una base. De lo contrario estará eliminado.

Número de participantes: 24	Duración estimada: una hora.

REGLAS	VARIANTES
• Cada vez que se logre un "aire" (recepcionar la pelota del pateador sin que llegue a botar) se cambiará el rol del equipo, los pateadores recepcionarán, y viceversa. • Cada tres jugadores eliminados se cambiará el rol del equipo. • Cuando se completen 10 carreras se cambiará el rol del equipo.	Se pueden introducir implementos (raquetas, bates de béisbol) y pelotas más pequeñas.

ASPECTOS A MODIFICAR (después de su aplicación práctica)

Fuente: Sánchez Rivas (2008), a partir de la integración de la ficha propuesta por Posada (2000) en el software "Ludos" y las recomendaciones de Torres (1997)

Observa un partido de Pichi fútbol en: www.hoyjugamosenclase.com

2. PREVISIÓN ORGANIZATIVA

Verchosanskij (en Sáenz-López, 2001: 45) afirma que la organización es "la realización práctica del programa previsto, teniendo en cuenta las condiciones concretas y posibilidades reales del alumnado en ese momento". El docente debe realizar una previsión de la organización del grupo y las tareas considerando una serie de factores generales, que se detallan a continuación.

En primer lugar, se debe tener en cuenta la programación establecida y, por tanto, atender a la previsión realizada sobre: competencias, objetivos, contenidos, actividades y tareas. Todo ello determinará la metodología, en la que se concretarán todas las variables de la organización.

La organización seleccionada, al igual que los demás elementos de la intervención didáctica, debe tener en cuenta las características generales del alumnado (adecuándose al nivel de desarrollo propio de cada edad) y las características específicas del grupo-clase. En cada grupo existen diferencias significativas en cuanto al grado heterogeneidad (niveles de capacidad, motivación, cohesión, conocimientos previos, etc.).

Además habrá que considerar los recursos disponibles para las actividades de enseñanza-aprendizaje. En concreto los recursos materiales y los espacios e instalaciones; valorando sus características en relación con las del alumnado y su adecuación a los objetivos propuestos.

2.1. Organización del grupo

En función de los condicionantes anteriormente citados, Sánchez Bañuelos (2003) plantea que la estructuración del grupo-clase con respecto a la tarea puede ser de tres tipos:

- *Masiva.* Toda la clase funciona como un solo grupo en la realización de actividades de enseñanza-aprendizaje. Normalmente implica una ejecución de tipo simultánea. Se utiliza fundamentalmente en la organización de juegos y otras tareas de cohesión grupal.

Organización masiva. Juego "Último superviviente"

- *Subgrupos*. La determinación de subgrupos permite aumentar la participación del alumnado, posibilita una mayor individualización y mejora las relaciones socio-afectivas. Esto justifica que sean las más utilizadas en Educación Física.

Organización por subgrupos. Juego "Cuatro esauinas"

- *Individual.* Se demanda una actuación en solitario. Hay que diferenciar entre tareas:

  - *Individuales:* son similares para todo el grupo-clase, aunque cada sujeto las ejecuta sin interaccionar con los demás.

  - *Individualizadas*: cada sujeto realiza una tarea distinta, adaptada a sus intereses y necesidades.

En la estructuración del grupo deben definirse las siguientes variables:

- La duración de la estructura. Puede ser corta (una actividad o sesión) o larga (una unidad didáctica o Trimestre).
- El agente responsable de estructurar el grupo (docente o discente).
- Los criterios de distribución. Algunos de los más importantes son: sociales, funcionales, pedagógicos y aleatorios.
- La composición numérica. Se pueden establecer: parejas, tríos, pequeños grupos (de 4 a 8 personas), medianos (de 8 a 12 personas) y grandes (de 12 personas en adelante).

La distribución del alumnado en el espacio y sus movimientos constituye otro de los aspectos a considerar en la organización de grupos. En este sentido, el docente tiene distintas opciones en función de dos criterios (Sánchez Bañuelos, 2003):

En función de quién decida la organización.

- *Prescrita o impuesta.* Suele estar determinada por el docente con una finalidad práctica: optimizar el tiempo, el uso del espacio y del material, aumentar la seguridad, prevenir conductas disruptivas, garantizar una participación homogénea, etc.

- *Libre.* Los alumnos y alumnas deciden el lugar a ocupar y su evolución. Este tipo de distribución requiere gran responsabilidad por parte del alumnado.

En función de su localización en el espacio.

- *Disposiciones geométricas.* Colocación del grupo o los subgrupos formando figuras geométricas. Según Mosston (1993) y Delgado (1991), éstas pueden ser, a su vez, *formales* o *semiformales* (en función del grado de rigidez en su colocación). Es posible distinguir:

  Frontales: filas, hileras, damero, doble línea y ola.

Circulares: círculo, semicírculo y círculo concéntrico.
Cuadrangulares: cuadrado abierto y cerrado.
Otras.

- *Dispersión*[2]. El alumnado o los subgrupos se distribuyen ocupando todo el espacio disponible, sin utilizar referencia geométrica alguna.

La elección de un tipo u otro de disposición dependerá de (Posada, 2000):

- La naturaleza de la tarea. Por ejemplo, el Aeróbic propicia una disposición geométrica mientras que el juego libre requiere una colocación dispersa.

- Condiciones de seguridad.

- Relación entre el material y el espacio disponible con respecto al número de alumnos y alumnas.

- Visualización de todo el alumnado para una intervención eficaz.

- Reducción de los tiempos muertos, aumentando el "Tiempo de Actividad Real".

2.2. Organización de las tareas

Famose (1992) identifica tres tipos de tareas en función de su grado de definición:

- Tareas *definidas*, en las que se establece el material, el objetivo y el procedimiento de actuación.

- Tareas *semidefinidas*, en las que se concreta el material y el objetivo a alcanzar.

- Tareas *no definidas*, en las que solo se aporta el material que motive para un tipo de actuación.

Sánchez Bañuelos (1992), diferencia las tareas atendiendo al mecanismo del acto motor sobre el que recae su interés. Identifica tres tipos de tareas: *perceptivas*, de *decisión* y de *ejecución*.

En la organización de las tareas, el docente puede optar por una (o varias) de las siguientes alternativas:

---

[2]   Delgado (1991) utiliza la palabra "informal" para denominar a este tipo de localización espacial.

- *Tarea general única.* Se presenta una sola tarea para todo el grupo.

- *Tareas individualizadas.* Cada alumno/a debe realizar una tarea en particular.

- *Tareas grupales.* A cada grupo se le asigna una tarea.

- *Tareas en circuito.* Según Posada (2000: 65), el circuito "es una forma de organización en la cual el alumno realiza tareas de forma continuada (una detrás de otra) y con un orden y una duración prefijadas". Este autor distingue tres formas de organizar el circuito:

  - *Circuito lineal:* el sujeto realiza todas las tareas (en estaciones) sin detenerse para llegar antes a meta. Un ejemplo es la clásica "pista americana".

  - *Circuito por estaciones:* cada grupo o sujeto realiza la tarea de cada estación durante un tiempo o número de repeticiones concreto y, después, pasa a la siguiente estación.

  - *Circuito concurso:* en cada estación se logrará puntuar de distinta forma en función del nivel de dificultad alcanzado en la tarea o el número de veces que se consigue la misma.

Ejemplos de circuitos en:
www.hoyjugamosenclase.com

2.3. Control de la intensidad y la participación

La intensidad está directamente relacionada con la seguridad. El docente debe planificar tareas adaptadas al grupo, que contemplen los diferentes niveles de ejecución que hay dentro de éste. Para ello, se han de planificar procedimientos que posibiliten la dosificación de esfuerzos, como: el cambio de roles dentro de una tareas o el establecimiento de una relación equilibrada entre actividad y pausa. Esto se puede favorecer, por ejemplo, mediante la combinación de tareas de dificultad perceptiva y decisional con otras centradas en la ejecución.

El grado de participación también influirá sobre la intensidad. Para analizarlo habrá que observar el tipo de ejecución, que podrá ser:

- Simultánea, donde todo el grupo actúa a la vez (100 % de participación en cada tarea).

- Alternativa, donde un sujeto actúa y otro descansa (50 % de participación en cada tarea).

- Consecutiva, donde se actúa uno tras otro. El tiempo de ejecución de cada uno lo va a marcar el número de integrantes del grupo. Este tipo de organización puede conllevar un escaso tiempo de actividad real, por ello solo debe usarse en actividades intensas o ante la carencia de recursos materiales en un número adecuado.

Actuación consecutiva. Relevos en conducción de baloncesto

Capítulo 3

ENSEÑANZA DE ACTIVIDADES LÚDICO-MOTRICES

1. LA TERMINOLOGÍA DIDÁCTICA DE LA MOTRICIDAD

La ausencia de un consenso terminológico en la literatura específica obliga a establecer el significado de los conceptos didácticos que se desarrollan en este capítulo. Dada su gran aceptación entre los docentes, se tomará como referencia la propuesta de Delgado y Sicilia (2002).

1.1. Intervención didáctica

Se trata de un término amplio, que abarca toda actuación de docente que tenga como propósito educar y/o enseñar. Con respecto a la programación de la enseñanza, se manifiesta en tres momentos, que son:

- Planificación.
- Realización en el aula.
- Evaluación.

1.2. Método de enseñanza

El método de enseñanza es el conjunto de momentos y técnicas que, lógicamente coordinados, dirigen el aprendizaje del alumnado hacia la consecución de los objetivos planteados.

1.3. Estilo de enseñanza

Delgado y Sicilia (2002) lo presentan como la concreción del método de enseñanza para el área de Educación Física. Se define como la forma de interaccionar con el alumnado que se manifiesta tanto en las decisiones preactivas como en las interactivas y postactivas.

El Estilo de enseñanza se configura a partir de una serie de elementos:

- *Técnica de enseñanza.* Es un subconjunto del Estilo de enseñanza que hace referencia al proceso de comunicación didáctica. Según la forma de proporcionar el *feed-back* y la información inicial, hay dos tipos de técnicas: *Instrucción directa* e *Indagación.*

- *Interacciones de organización-control.* Se refiere a la gestión que se realiza del tiempo, el espacio, el material y el alumnado.

- *Interacciones socio-afectivas.* Analiza la forma de interaccionar de todas las personas en clase. En su determinación influyen aspectos como: la personalidad del docente, la forma de regular la convivencia o el clima de aula.

- *Estrategia en la práctica.* Es el modo en que se estructura la progresión del aprendizaje. Podemos encontrar:

  - Estrategias de tipo Global:

    Global pura. Ejecución en su totalidad de la tarea propuesta.

    Global con polarización de la atención. Ejecución en su totalidad de la tarea propuesta modificando sus condiciones reales con el fin de facilitarla.

    Global con modificación de la situación real. Ejecución en su totalidad de la tarea propuesta, pero las condiciones reales de la tarea se modifican a fin de facilitarla.

  - Estrategias de tipo Analítico:

    Analítica pura. Consiste en la ejecución aislada de las partes de la tarea.

    Analítica secuencial. Consiste en la descomposición de la tarea en partes por orden secuencial, para su posterior ensamblaje.

    Analítica progresiva. La tarea se descompondrá en partes; la práctica comenzará con la ejecución de un solo elemento y una vez terminado éste, se pasará a otro y así hasta completar la tarea.

- *Recurso didáctico.* Es un elemento que se utiliza de manera puntual para facilitar el aprendizaje. Aunque los recursos más utilizados son los materiales, su naturaleza puede ser muy diversa. También tienen la consideración de recursos las instalaciones, personas, documentos e, incluso, los medios de financiación necesarios para la actividad lúdico-motriz.

2. ANÁLISIS DE LOS ESTILOS DE ENSEÑANZA EN SITUACIONES LÚDICO-MOTRICES

Conocer las diferentes alternativas metodológicas contribuirá a realizar la elección adecuada para cada situación de enseñanza-aprendizaje (actividades, alumnado, recursos). En este punto se presenta un análisis descriptivo de los principales Estilos de enseñanza en relación con los juegos motores.

2.1. Estilos de enseñanza de tipo instructivo: Tradicionales e Individualizadores

Los Estilos *Tradicionales* se fundamentan en principios como: directividad, enseñanza masiva y basada en la recepción, escasa interacción, etc. Sus opciones más utilizadas son:

* *Mando Directo*. Se basa en la "orden". Utiliza una técnica de enseñanza por instrucción directa: el docente explica y, si lo estima oportuno, demuestra la tarea. A continuación, el alumnado la ejecuta a un ritmo impuesto. El *feed-back* es de tipo masivo y se proporciona al término de la ejecución.

Clase de Educación Física en el año 1967, basada en el Mando Directo

La organización es rígida. La disposición del grupo en el espacio es prescrita y formal. El docente ocupa una posición destacada fuera del grupo. El tiempo se estructura con apoyo del "conteo" sobre la ejecución. Este tipo de organización no deja lugar a la interacción socio-afectiva.

- *Modificación del Mando Directo*. Se basa en la "dulcificación de la orden". Se diferencia del anterior en que la organización es más flexible. El docente evoluciona por el grupo emitiendo el *feed-back* durante la ejecución. Esto permite el establecimiento de relaciones socio-afectivas docente-discente.

- *Asignación de Tareas*. Se basan en la "tarea". Con respecto a los anteriores, el docente transmite la información inicial y, seguidamente, el alumnado la ejecuta a su propio ritmo. El docente, mientras tanto, evoluciona por el espacio proporcionando un *feed-back* individualizado.

  La organización del alumnado suele ser en subgrupos, que adoptan una disposición espacial dispersa. Esto favorece el establecimiento de relaciones socio-afectivas entre el alumnado.

Los Estilos de enseñanza *Individualizadores* parten del principio de adecuar el trabajo de la actividad lúdico-motriz a las particularidades de cada sujeto. Como paso previo a su puesta en práctica, es conveniente realizar una evaluación inicial sobre intereses y aptitudes. Y debe aplicarse preferentemente con grupos heterogéneos. En su concreción didáctica aparecen las siguientes variantes:

- *Trabajo por grupos*. Su peculiaridad reside en la organización: el grupo-clase se estructura en diferentes subgrupos tomando como criterio la similitud de intereses o aptitudes.

- *Enseñanza modular*. A diferencia del anterior, el grupo-clase se estructura según los intereses, y dentro de cada "grupo de interés" se establecen diferentes niveles de aptitud.

- *Programa individual*. Supone el máximo nivel de individualización. Es una enseñanza indirecta, en la que el docente transmite la información inicial de forma escrita, en un programa diferenciado y adaptado a cada sujeto.

En relación con el juego motor, los estilos instructivos son de poca utilidad. Se trata de propuestas didácticas en las que el docente tiene control absoluto sobre la transmisión de la información, el conocimiento de los resultados, la organización y las dinámicas de ejecución. No hay lugar para acciones motrices espontáneas, todas están planificadas previamente. Esto no ocurre en los juegos, que implican una naturaleza funcional totalmente contrapuesta, en la que las pautas de actuación se tienen que ajustar a las situaciones que el propio juego va generando.

2.2. Estilos de enseñanza de tipo participativo

Su esencia radica en la búsqueda de la participación del alumnado en el proceso de enseñanza, asumiendo tareas propias del rol docente, como corregir o evaluar. Cabe establecer los siguientes tipos:

- *Enseñanza recíproca*. En cuanto a la organización, el alumnado se distribuye en parejas, en las que un sujeto actuará y el otro observa, informa y corrige.

  En la información inicial se ha de aclarar:

  - Los aspectos sobre los que centrar la observación.
  - Los parámetros: "correcto" e "incorrecto" de los movimientos sujetos a la observación.
  - Las tareas a realizar. Para ello el docente preparará previamente unas "hojas de tareas", parecida a la que se recoge en el ejemplo inferior.

VOLEIBOL: SAQUE DE SEGURIDAD

Alumno/a "1" _____

Alumno/a "2" _____

Ejecutante: realizar dos series de seis saques.

Observador/a; en la primera serie se limita a observar. En la segunda serie observa y anota en función de los tres criterios siguientes:

Aspectos a conseguir	ALUMNO/A 1		ALUMNO/A 2	
	SI	NO	SI	NO
- No doblar el codo del brazo que ejecuta				
- Golpear el balón con la base de la palma				
- Dirigir el balón a un área previamente especificada				

- *Pequeños grupos.* Es similar al anterior, aunque se realiza en grupos de tres o cuatro personas, en los que se van alternando los roles de "observador" y "ejecutantes". Aparece un nuevo rol: "anotador". El componente socio-afectivo se desarrolla más gracias al diálogo.

- *Microenseñanza.* Supone una modificación de la técnica de enseñanza, el docente proporciona la información inicial y el *feed-back* a unos alumnos-tutores. Éstos, a su vez, harán lo propio con un grupo de compañeros que se les habrá asignado.

Los *Estilos Participativos* tienen gran aplicabilidad en situaciones en las que se pretende promover el intercambio de juegos o el aprendizaje de las reglas entre iguales. En este sentido, la *Microenseñanza* ofrece grandes posibilidades didácticas. Los estilos basados en la enseñanza recíproca son interesantes para el perfeccionamiento de la técnica deportiva, pero también tienen cabida en el juego motor.

Los mayores enseñan a los pequeños normas de seguridad vial

2.3. Estilos de enseñanza de tipo emancipativo: Cognoscitivos y Creativos

Los *Estilos de enseñanza Cognoscitivos* se fundamentan en la implicación cognitiva del sujeto en su propio proceso de aprendizaje, adoptando un papel activo frente a la información. Mosston (1993) plantea que, con respecto a los anteriores Estilos de enseñanza, suponen un "salto de la barrera cognoscitiva". Por su importancia, destacan:

- *Descubrimiento guiado*. El empleo de una técnica de enseñanza basada en la indagación hace que el rasgo más característico sea la presentación de información inicial en forma de problema, provocando en el alumnado una disonancia cognitiva que le invita a "descubrir". El docente hace uso de la ayuda pedagógica, orientando la búsqueda del alumnado a través de pistas.

- *Resolución de problemas*. Se diferencia del anterior en que la actuación del docente es más limitada: plantea el problema y verifica el éxito de la solución encontrada por el alumnado. Las tareas que se presentan serán, por lo tanto, tareas abiertas a diferentes soluciones.

Los *Estilos de enseñanza Creativos* abogan por la búsqueda creativa de soluciones para los problemas planteados. No es suficiente solucionar el problema, sino que hay que hacerlo de forma creativa. En esta innovadora tendencia se encuadran:

- *Libre exploración*. El docente se limita a presentar el material para la realización de actividades que permitan alcanzar los objetivos planteados. El alumnado gozará de plena libertad para explorarla. Un ejemplo es la presentación de pelotas de todo tipo de texturas y tamaños para el trabajo de golpeos y lanzamientos.

- *Sinéctica corporal*. Constituye una de las últimas tendencias en los Estilos creativos y se basa en el establecimiento de analogías entre el propio cuerpo y el contenido en cuestión.

Cómo organizar una clase basada en la Sinéctica corporal: www.hoyjugamosenclase.com

Los Estilos de enseñanza más próximos a la filosofía lúdica son los cognoscitivos. El juego supone la presentación de una serie de problemas para los que hay que buscar la mejor solución a través de acciones motrices. Podría considerarse como un proceso de Investigación-Acción. En ocasiones, las soluciones adecuadas son complejas y su descubrimiento precisa la intervención del docente, que proporciona "ayuda pedagógica" para guiar al alumnado en el camino hacia la solución pretendida.

La Libre exploración tiene una gran aplicabilidad a través de la enseñanza mediante "Ambientes de aprendizaje", que propone Blández
(2003). Los ambientes de aprendizaje son espacios acondicionados
hacia un fin concreto, y que son tan sugerentes que por sí mismos
atraen la atención del alumnado para ser utilizados. Con ello se pro-
mueve el juego libre y la invención de nuevos juegos.

Capítulo 4

APRENDIZAJE DE ACTIVIDADES LÚDICO-MOTRICES

1. APRENDIZAJE INTELECTUAL Y APRENDIZAJE MOTOR

En el momento del nacimiento, el ser humano dispone en su dotación genética de la información necesaria para adaptarse y sobrevivir en el medio. Pero transcurridos los primeros momentos de la vida, el medio en el que se desarrolla la existencia humana se complica y el ser humano necesita adaptarse a la comunidad social en la que ha nacido para sobrevivir en ella. Este mecanismo de adaptación se denomina aprendizaje.

El aprendizaje es "un cambio relativamente estable y duradero de conocimiento" (López Serra, 1994: 30). Afecta por igual al ámbito motor y al intelectual, y solo en términos teóricos y para facilitar su análisis cabe diferenciarlos, ya que ambos están íntimamente relacionados y se desarrollan de forma complementaria. Realizada esta aclaración, es posible hablar de adquisiciones intelectuales y de adquisiciones motrices, siendo su expresión una manifestación global de la conducta humana. El aprendizaje motor se va ha centrar en las ejecuciones motrices, como manifestación externa de lo cognitivo, social, afectivo y motriz de la personalidad.

Lawther (1983) considera que el aprendizaje motor es un cambio relativamente permanente, producto del entrenamiento y la experiencia. Gagné (1970) lo concibe como un proceso neural interno que tiene lugar siempre que se manifiesta un cambio en el rendimiento que no está ocasionado ni por el crecimiento vegetativo ni por la fatiga.

Con perspectivas diferentes, en ambas definiciones se aluden a ciertos aspectos significativos: el aprendizaje supone cambios en el rendimiento y en las conductas motrices debidos, precisamente, a la práctica de las acciones y a la experiencia que reporta dicha práctica.

El aprendizaje motor se caracteriza por (Schmidt, 1993):

- Los cambios debidos al aprendizaje motor se producen de modo progresivo.
- Requiere unas aptitudes cognitivas a comienzo de proceso y motores al final.
- Las exigencias sobre el control del movimiento evolucionan. Las exigencias visuales (al principio del proceso) van progresando hasta las cinestésicas.
- Se produce un aumento progresivo en la capacidad para obtener información sobre la propia ejecución.

Considerando la evolución que se produce en el proceso de aprendizaje motor, son muchos los autores que estructuran en partes dicho proceso (Pièron, 1988; Riera, 1988; Sánchez, 1989; Singer, 1986; Vygotski, 1995; Wegner y Arnold, 1990; Wickstrom, 1983; Williams, 1983). Ruiz (1994), integrando las propuestas de diferentes autores, distinguió las siguientes fases:

- Fase inicial. El alumno capta la idea del movimiento, comprende la exigencia motriz y el espacio y recursos necesarios para su desarrollo.
- Fase intermedia. El alumno no domina la ejecución, pero sí ha superado los errores más importantes.
- Fase final. El alumno automatiza el movimiento con una correcta ejecución.

2. MODELO DE PROCESAMIENTO DE LA INFORMACIÓN

Existen diferentes modelos que tratan de explicar el proceso de reestructuración interna de la información adquirida que provocará el aprendizaje. En este punto se desarrolla el que, actualmente, goza de mayor aceptación y vigencia: el *Modelo Cibernético*.

El *Modelo Cibernético* está basado en el esquema de la comunicación y en las teorías de procesamiento de la información. Tiene su origen en los procesos tecnológicos de la cibernética (ciencia que estudia los sistemas de control en las máquinas y en los organismos vivos).

El modelo trata de dar explicación al papel del receptor en un esquema primario de comunicación, en el que alguien o algo emite un mensaje y "el que aprende", utiliza la información contenida en dicho mensaje para producir cambios en sus conocimientos. El proceso se describe a partir de la sucesión de diferentes fases: la recepción e interpretación de la información (percepción), el procesamiento de la información para emitir una respuesta (decisión) y la emisión de la respuesta (ejecución). La nueva respuesta se convierte en emisión de la información que nuevamente será percibida, cerrando así el ciclo del mecanismo cibernético (retroalimentación del sistema), tal como puede verse en el esquema.

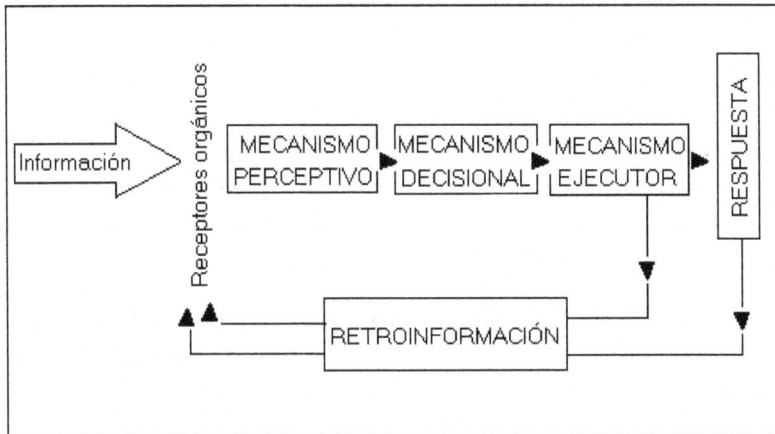

Esquema clásico del modelo de aprendizaje motor basado en el procesamiento de la información

3. MECANISMOS DEL PROCESO DE APRENDIZAJE: PERCEPCIÓN, DECISIÓN, EJECUCIÓN Y RETROALIMENTACIÓN

A continuación se analiza cada uno de los mecanismos que intervienen en el *Modelo Cibernético*.

3.1. Mecanismo de percepción

Se refiere a la captación de la información, entendida como el conjunto de estímulos que el entorno o el propio sujeto generan. La información (estímulos) es captada por los receptores sensoriales: exteroceptores y propioceptores, y enviada por medio de las vías eferentes al sistema nervioso central; primero a las zonas sensitivas o primarias (la señal que llega a estas zonas recibe el nombre de sensación) y, posteriormente, a las áreas asociativas o secundarias, donde se procesarán las señales captadas y se hará significativo el estímulo percibido.

Percibir implica integrar las sensaciones que llegan al cerebro, tomar conciencia de las mismas, pero dada la limitada capacidad humana de percibir y procesar información, se hace necesaria una selección de los estímulos presentes en cada situación.

Desde el punto de vista del aprendizaje, debe atenderse al desarrollo de la atención y percepción selectiva, es decir que, mediante la práctica continuada, el alumno discriminará solo aquella información que es relevante y significativa para la tarea, eliminando las interferencias y estímulos no pertinentes. Igualmente convendrá desarrollar su capacidad de anticipación perceptiva, o lo que es lo mismo, que sea capaz de interpretar determinadas señales del entorno antes de que el resultado de éstas se materialice.

El tiempo de percepción dependerá de la complejidad de la tarea que, en este sentido, estará definida por el tipo, variabilidad y número de estímulos presentes.

3.2. Mecanismo de decisión

Las percepciones continúan su proceso hasta llegar a las áreas denominadas de gnosis total, desde donde se proyectan hacia el lóbulo frontal, lugar en el que se conforman los procesos de decisión y la elaboración de la orden de respuesta, que será transmitida por las vías piramidales o eferentes hasta llegar a los órganos efectores (músculos).

El tiempo que transcurre desde que se produce el estímulo hasta que se origina la respuesta recibe el nombre de *tiempo de reacción*, y es de gran importancia en el aprendizaje de numerosas habilidades motrices. Este tiempo de reacción es la suma del *tiempo de percepción* (tiempo transcurrido desde que se produce un estímulo hasta que la persona lo integra como percepción en las áreas de gnosis total) y del *tiempo de decisión* (tiempo que tarda la persona en definir y elaborar la orden de la respuesta).

La complejidad cognitiva de una tarea motriz variará desde aquéllas en las que las decisiones a tomar son prácticamente nulas, como correr o nadar, hasta aquéllas con un alto componente de decisión, tales como efectuar un pase o iniciar un regate.

3.3. Mecanismo de ejecución

El impulso motor originado por la orden de respuesta del lóbulo frontal, se transmite por el axón de la neurona motora de la vía piramidal hasta enlazar con las células del nervio motor ubicadas en la médula, para terminar en la placa motriz del músculo, que ejecutará la decisión tomada.

La ejecución de una determinada tarea implica diversos aspectos en relación con las exigencias, tanto de coordinación como de condición física. Es decir, la complejidad de ejecución de una tarea motriz vendrá determinada por sus implicaciones relativas a los aspectos cualitativos y cuantitativos del movimiento.

Así, cuanto mayores sean las exigencias relativas a la condición física, es decir que impliquen fuerza, resistencia, velocidad o flexibilidad; mayor será su complejidad. En relación con los elementos cualitativos, aspectos como el número de grupos musculares intervinientes en la coordinación de la acción, o los requerimientos de rapidez y de precisión, también influirán en el grado de dificultad.

3.4. Mecanismo de control de la respuesta o retroalimentación

La ejecución de una respuesta genera información novedosa que es evaluada por parte del ejecutante para comprobar su adecuación, o no, al modelo previsto, o bien a la idea del movimiento que había decidido realizar. Esta información actuará retroalimentando el sistema y generando, si fuera preciso, modificaciones en las sucesivas respuestas con la finalidad de ajustar los movimientos al objetivo, inicial, meridiano o final estableado. Es decir, la retroalimentación no es solo para conformar la idea global del movimiento ejecutado, sino que puede acentuarse en aquellas partes intermedias de la tarea que permitan una ejecución más refinada en el conjunto de la actividad.

La retroinformación, en cualquier proceso simple de ensayo-error, facilita la información necesaria para ir ajustando progresivamente la respuesta motriz a la idea prevista. Esta nueva información será captada también por los órganos receptores, y puede proceder del propio sujeto (feed-back interno o sensorial) o pueden ser emitidos por otras personas como el profesor, otros compañeros, o incluso grabaciones en vídeo, etc. (feed-back externo o aumentado).

A su vez, el feed-back (o retroalimentación) interno o sensorial, puede ser de dos tipos, dependiendo de los receptores que capten la información:

- Retroalimentación durante la ejecución, que implica fundamentalmente la actuación de los receptores quinestésicos.

- Retroalimentación después de la ejecución, que implica fundamentalmente la actuación de los receptores visuales.

Por su parte, el feed-back (o retroalimentación) externo o aumentado, suele ser un conocimiento de los resultados. Es la forma específica de feed-back informativo, diferente del feed-back sensorial, que se pone a disposición del alumno una vez que éste ha actuado.

La retroalimentación será fundamental en los procesos de aprendizaje motor. Tanto el conocimiento de la ejecución, como el conocimiento de los resultados, permitirán la aproximación progresiva al modelo propuesto y la reducción de los errores, pudiendo tener un valor preventivo y diagnóstico de los mismos si se identifica convenientemente su causa.

4. FACTORES QUE INFLUYEN EN EL APRENDIZAJE MOTOR

Existen varios factores que deben considerarse debido a su importancia en el aprendizaje motor. Tales factores son: la información, la memoria, la transferencia en el aprendizaje, la motivación, la inteligencia, la edad y el sexo.

4.1. La información

El proceso de aprendizaje supone que el alumno debe atender y procesar aquella información relacionada con la tarea a aprender. Esto supone un intercambio constante de información entre profesor y alumno.

La información tiene una doble dirección: la que suministra el profesor al alumno (inicial) y la que genera el conocimiento de los resultados (feed-back).

La información emitida por el profesor tiene que ser:

- Correcta: que no tenga errores técnicos que confundan al alumno.
- Precisa: concreta, apartándose de ambigüedades y evitando la información accesoria.
- Comprensible: emitida en términos que el alumno domine y comprenda.
- Asimilable: adaptada a la estructura cognitivo-motriz del niño.

Una vez realizada la tarea motriz, el profesor tiene que extraer una información derivada de la práctica del alumno. La información producto del conocimiento de los resultados (feed-back) tiene que ser transmitida al alumno cumpliendo varias condiciones de las que dependerá, en gran medida, su efectividad.

- Rápida: cuanto menor sea el tiempo en el que un alumno se mantiene en un error, mayor facilidad habrá para corregirlo.
- Motivadora: la información para la corrección debe suministrarse de forma positiva, animando al alumno a intentarlo otra vez.
- Causa-efecto: no es suficiente con describir una acción mal ejecutada, también hay que explicar al alumno las causas que han motivado el error.
- Prescriptiva: informando al alumno de cómo corregir el error.

4.2. La memoria

La memoria es la capacidad para reproducir una información, dada con anterioridad, en ausencia de la misma. En el ser humano, la memoria tiene tres sistemas bien diferenciados:

- La *memoria sensorial* es capaz de conservar una buena cantidad de información durante un tiempo muy corto (aproximadamente se considera que retiene durante 5 décimas de segundo).

- La *memoria a corto plazo* tiene capacidad más limitada que la sensorial, pero su duración es bastante superior (aproximadamente de 20 a 30 segundos).

- La *memoria a largo plazo* carece de límites de duración y de cantidad.

El olvido parece afectar poco al aprendizaje motor. El paso del tiempo afecta más a la cantidad de movimiento necesario para un buen nivel de habilidad motriz que a la propia habilidad en sí misma. Habilidades como nadar no se olvidan nunca, incluso en casos en los que la pérdida de memoria en accidentes ha supuesto olvidarse de todo, las habilidades motrices aprendidas han permanecido intactas.

4.3. La inteligencia

La inteligencia es uno de los factores más controvertidos de los que intervienen en el aprendizaje motor. Esto se debe a la imposibilidad de realizar una investigación en el aprendizaje motor de personas con distinto coeficiente intelectual aislando variantes tan decisivas como la motivación.

4.4. La transferencia

La transferencia es la influencia del aprendizaje de una tarea en el aprendizaje de otra posterior, es preciso aludir a la posibilidad de una transferencia positiva, negativa o neutra.

El mecanismo de transferencia positiva actúa cuando la experiencia adquirida en la práctica de una tarea motriz determinada influye positivamente en el aprendizaje de otra tarea motriz que se aprende con posterioridad. Esto suele suceder si entre las dos tareas existen situaciones parecidas. Por contra, si la influencia fuera perjudicial para el nuevo aprendizaje, se trataría de una transferencia negativa.

Una transferencia neutra ocurre cuando no puede demostrarse que la experiencia adquirida en la práctica de una tarea afecte positiva o negativamente al aprendizaje de otra.

Si bien en el aprendizaje motor referido a habilidades específicas de determinadas especialidades deportivas tiene sentido el análisis del mecanismo de transferencia, éste pierde parte de su significado en la enseñanza primaria, en un contexto de aprendizaje de habilidades básicas y en unidades temporales de programación necesariamente amplias.

4.5. La motivación

La motivación se erige como una de las grandes claves explicativas de la conducta humana. Igualmente ayudará a explicar gran parte de la conducta de los alumnos frente a los aprendizajes. Corresponde al profesor presentar las tareas motrices de forma motivante.

4.6. La edad y el sexo

La edad y el sexo de los alumnos han sido también objeto de estudio como variables influyentes en el ritmo de aprendizaje motor. Las conclusiones más extendidas señalan que es necesaria una mayor consideración de las diferencias individuales de cada sujeto que de las peculiaridades propias de la edad o el sexo.

5. MODALIDADES DEL APRENDIZAJE MOTOR

El aprendizaje motor se produce por la ejecución de las destrezas y éstas pueden ser alcanzadas por tres procedimientos: por imitación, por transmisión de información y por descubrimiento.

5.1. Aprendizaje por imitación

La mayoría de los aprendizajes en la edad infantil se llevan a cabo mediante la imitación de modelos. Los modelos pueden encontrarse en el hogar, la escuela, la televisión, etc.

Cuanto menos edad tenga el alumno, más valor tendrá la demostración de la tarea a realizar por parte de un modelo.

5.2. Aprendizaje por transmisión de información verbal

Los deportistas de alto nivel no cuentan habitualmente con entrenadores que puedan ejemplificar para ser imitados. En estos casos, al deportista se le facilitan una serie de instrucciones verbales referentes tanto a acciones musculares como a procesos perceptivos o de control. Pero este tipo de aprendizaje resulta muy complejo para niños pequeños, por lo que su uso debe quedar restringido a momentos puntuales. A los profesores inexpertos, habituados a los aprendizajes verbales propios de la formación universitaria, les cuesta adaptarse a esto.

5.3. Aprendizaje por descubrimiento

En algunas ocasiones, las ejecuciones no se alcanzan porque el sujeto haya sido instruido en ellas, sino que sucede que él mismo establece determinadas relaciones entre los estímulos presentes. La multitud de situaciones que se plantean en los deportes colectivos o en las actividades en la naturaleza no permiten tener aprendidas todas las respuestas. Se dispone de los patrones básicos, pero para las situaciones nuevas debe crearse una ejecución al efecto y, en este caso, la respuesta es única y descubierta por el sujeto.

6. PRINCIPIOS DEL APRENDIZAJE MOTOR

6.1. Principio del ejercicio

La ejercitación permite mejorar las ejecuciones y, al mismo tiempo, consolidarlas en la memoria. Las repeticiones sucesivas de la destreza hacen que en ésta se adquiera mayor habilidad, pero además estas mismas repeticiones hacen que la destreza pueda ser retenida por más tiempo. Se ha de tener en cuenta que la simple repetición no mejora el aprendizaje. Son necesarios otros principios para que este se produzca.

6.2. Principio del refuerzo

Para que una ejecución se aprenda debe ser reforzada. Si tras una ejecución el sujeto recibe un premio, tratará de repetirla posteriormente. Si, por el contrario, recibe un castigo, tratará de evitar la ejecución.

Los refuerzos pueden ser positivos o negativos. Refuerzo positivo es la aparición de un estímulo deseado con la intención de reafirmar la ejecución correcta. Refuerzo negativo es la desaparición de un estímulo no deseado con la intención de reafirmar la ejecución correcta. En los momentos iniciales del aprendizaje motor es de vital importancia el refuerzo frecuente (tras cada ejecución) e inmediato (sin que pase mucho tiempo después de haber terminado la ejecución).

El castigo pretende eliminar una ejecución incorrecta, para lo cual se puede propiciar la presencia de un estímulo no deseado con el ánimo de eliminar la respuesta incorrecta; o bien se puede retirar un estímulo deseado con ánimo de eliminar la ejecución incorrecta.

6.3. Principio de retención

No se puede decir que una destreza ha sido aprendida si no está almacenada en la memoria, es decir, si no puede repetirse algún tiempo después. La realización de un gran número de repeticiones y la utilidad de la tarea en la en la vida cotidiana facilitará la retención de la tarea.

6.4. Principio de transferencia

Las destrezas motrices que se aprenden nunca son totalmente nuevas, ya que éstas se basan en actividades motrices previamente aprendidas. Las actividades motrices, como ya se ha señalado, pueden favorecer o entorpecer el aprendizaje.

Este principio dirige la programación educativa a largo plazo del aprendizaje de destrezas motrices, ya que al elegir la destreza que se enseñará en un momento dado, se debe tener en cuenta que sus elementos básicos deben de haber sido aprendidos en años anteriores, a fin de que en ese momento puedan ser transferidos.

Capítulo 5

ATENCIÓN A LA DIVERSIDAD EN ACTIVIDADES LÚDICO-MOTRICES

1. LAS NECESIDADES ESPECÍFICAS DE APOYO EDUCATIVO

El concepto actual de alumnos y alumnas con *Necesidades Específicas de Apoyo Educativo* (en adelante: NEAE) nos sitúa ante una terminología "normalizada" y, por tanto, exenta de las connotaciones negativas propias de las tradicionales categorías diagnósticas (deficiente, retrasado...).

Las NEAE son carencias formativas y/o educativas, cuya superación requiere la implementación de acciones y recursos especiales en los procesos de enseñanza-aprendizaje. La atención a tales necesidades se realiza mediante el diseño y la aplicación de adaptaciones curriculares de acceso y/o adaptaciones curriculares significativas.

De esta concepción derivan dos características en relación a las dificultades del alumnado:

- Su *carácter interactivo*. La causa de las dificultades de aprendizaje de un sujeto depende tanto de las condiciones personales de éste, como de las características del entorno en que se desenvuelve.

- Su *relatividad*. Las dificultades de un educando no pueden establecerse ni con carácter definitivo ni de una forma concluyente, ya que van a depender de sus particularidades personales en un momento determinado y en un contexto escolar.

Se considera como sujeto con NEAE a cualquier alumno y alumna que se incluya en alguno de los apartados siguientes:

- Problemas de desarrollo y/o dificultades de aprendizaje significativamente mayores que el común de los de su misma edad.

- Manifestación de retrasos o incapacidades que les dificultan en el uso de los recursos más generales y ordinarios de que disponen las escuelas para los sujetos de su edad.

- Incorporación tardía al Sistema Educativo Español.

- Condiciones personales o historia escolar compleja. En este apartado se incluyen las circunstancias de desigualdad social en cualquiera de sus ámbitos.

- Altas capacidades intelectuales con respecto su grupo de edad (identificado como tal por personal con la debida cualificación).

2. RESPUESTA EDUCATIVA A LA DIVERSIDAD

El procedimiento para atender las NEAE del alumnado está previsto y regulado. Los centros docentes disponen de autonomía para organizar las medidas de atención a la diversidad. En su ámbito de acción está: la realización de agrupamientos flexibles y no discriminatorios; los desdoblamientos de grupos; el apoyo en grupos ordinarios; los programas y planes de apoyo, refuerzo y recuperación; y las adaptaciones curriculares.

Las medidas de atención a la diversidad deben ponerse en práctica tan pronto como se detecten dificultades de aprendizaje. Su pretensión no es solo de respuesta a necesidades educativas concretas, sino que también buscan el desarrollo de las competencias básicas y de los objetivos de la etapa.

En el ámbito de actuación docente con respecto a las actividades lúdico-motrices, la principal medida es el diseño, desarrollo y aplicación de adaptaciones curriculares, que suponen un proceso de toma de decisiones sobre los elementos del currículum para dar respuestas educativas a los alumnos y alumnas. Para ello, se realizan modificaciones en los elementos de acceso a la actividad lúdica y/o en los mismos elementos que la constituyen. Navarro (2002) plantea que tales cambios deben orientarse a partir de tres criterios, que son:

- *Integración.* Toda medida de atención a la diversidad debe propiciar el acercamiento del alumno atendido a su grupo-clase. Por lo tanto, no es recomendable excluir a nadie del juego, aunque sea con el loable propósito de trabajar de manera individualizada. Es preferible inventar un nuevo rol en el juego que implique el desarrollo de las tareas motrices que el docente estima conveniente en función de las capacidades o necesidades del niño o niña en cuestión.

- *Compensación.* En muchas ocasiones, la naturaleza de determinados juegos hace imposible alterar los roles sin que se cree una reducción de la participación individual o, incluso, una desventaja para el equipo. En estos casos se puede optar por incluir nuevas reglas en el juego que compensen la desigualdad. Un ejemplo podría ser otorgar un valor doble a los puntos conseguidos por el alumno con NEAE.

- *Adaptación.* En la mayoría de los juegos, la adaptación se realiza buscando la máxima participación del alumno con NEAE. Sin embargo, también cabe la adecuación del grupo a las capacidades de los alumnos integrados. En estos casos el juego cobra valor, al transformarse en una actividad de sensibilización frente a la discapacidad. Son muchos los juegos y deportes adaptados que tienen aceptación entre el alumnado que no padece discapacidades. Un buen ejemplo es el *Goalball.*

Descubre el Goalball en:

www.hoyjugamosenclase.com

Las adaptaciones curriculares deben estar fundamentadas en dos principios:

- *Principio de Normalización.* Favorece que los alumnos se beneficien, siempre que sea posible, del mayor número de servicios educativos ordinarios.

- *Principio de Individualización.* Intenta proporcionar a cada alumno (a partir de sus intereses, motivaciones y también en relación con sus capacidades, deficiencias y ritmos de aprendizaje) la respuesta educativa que necesite en cada momento para formarse como persona.

2.1. Adaptación curricular individualizada poco significativa

Son modificaciones en los elementos de acceso al currículum. Los elementos de acceso son los que posibilitan el desarrollo curricular: recursos humanos, materiales, espaciales y organizativos.

También se consideran adaptaciones poco significativas las modificaciones del currículum que afectan a la metodología, tipo de actividades y evaluación.

Ejemplo de Adaptación Curricular Individualizada Poco Significativa en Educación Física.

Para responder a las necesidades propias del **sujeto con sobrepeso** se empleará una Adaptación Curricular Individualizada Poco Significativa, donde se modificará exclusivamente la metodología y el tipo de actividad en los términos que siguen:

- Se le recomendará, de forma individual, la dosificación del esfuerzo. Para contribuir a ello, se le dará la oportunidad de cambiar a roles que impliquen una posición estática en el juego o de recuperar líquidos (hidratarse).

- Se reducirán los movimientos de alto impacto para las articulaciones: saltos y carrera continua.

- Se extremarán las medidas de seguridad en lo relativo a la intensidad del ejercicio y en las actividades que impliquen el dominio de su cuerpo en situaciones en las que el equilibrio se vea comprometido. Por ejemplo, colocando colchonetas, implicando a los demás en la ayuda, etc.

- Se propondrán diferentes niveles de dificultad en las tareas que puedan implicar dificultad añadida debido a su complexión.

- En el apartado socio-afectivo, se ha de evitar que pueda encontrase en una situación incomoda ante sus compañeros y compañeras. Por ejemplo, las adaptaciones anteriormente citadas se realizarán de forma global, si fuera necesario realizar alguna indicación personal se hará de forma individual, nunca frente al resto de la clase. En este sentido, no habrá tolerancia frente a cualquier actitud, por mínima que sea, que pueda hacer sentirse menospreciado al sujeto.

2.2. Adaptación curricular individualizada significativa (ACIS)

Suponen una modificación de los objetivos y contenidos que le correspondería al sujeto por su edad en un currículum normalizado. Tales modificaciones consistirán:

- En primer lugar, la sustitución, eliminación o inclusión de contenidos.

- Si no fuera suficiente, se pueden adecuar los objetivos (nunca eliminarlos).

La ACIS quedará recogida en un documento y deberá ser revisada y aprobada por la Administración educativa.

Ejemplo de Adaptación Curricular Individualizada Significativa en Educación Física.

Para responder a las necesidades propias del **sujeto con Síndrome de Down**, cuyo nivel de competencia curricular se ha establecido en el propio del primer ciclo de Educación Primaria, se empleará una **Adaptación Curricular Individualizada Significativa**, donde se modificarán los elementos fundamentales del currículum en los términos que siguen:

Adecuación de objetivos. Tomando como referente los objetivos formulados para el curso, se adaptarán los correspondientes a los números: 2, 5, 6, 8, 9, 10 y 14. Quedando como siguen:

Objetivos en el currículum normalizado

1. Participar en juegos recreativos, respetando sus normas y aceptando la aportación y capacidad de los demás.
2. Perfeccionar las habilidades genéricas y adquirir habilidades específicas propias del baloncesto. Así como comprender el concepto de reglamento y vivenciar su utilidad en deportes colectivos.
3. Participar en situaciones lúdicas y deportivas valorando el esfuerzo y la capacidad propia y ajena. Especialmente en el caso de las personas que tienen alguna discapacidad.
4. Buscar soluciones adecuadas para los problemas motrices que plantean las diferentes situaciones lúdicas y deportivas, comprobando su validez y aplicándolas en condiciones de práctica real.
5. Conocer los aspectos anatómicos y fisiológicos fundamentales implicados en juegos para la mejora de la *Capacidades Físicas Básicas*, valorando su importancia mediante la toma de conciencia de su actividad antes, durante y después de la ejecución.
6. Conocer las principales manifestaciones circenses de equilibrismos y malabarismos; mejorando, a través de su práctica, las coordinaciones disociadas y el equilibrio estático y dinámico (*Capacidades Físicas Coordinativas*).
7. Realizar una distribución adecuada del potencial motriz y energético en el desarrollo de juegos y demás actividades, de forma que se evite la aparición de la fatiga.

8. Orientarse en el espacio a partir de interpretación de planos sencillos y completar recorridos de orientación en un contexto lúdico y cooperativo.
9. Reproducir los pasos básicos de varios bailes del mundo. Así como crear y representar coreografías sencillas de manera cooperativa.
10. Conocer las bases para el desarrollo, en condiciones de máxima seguridad, de actividades de escalada y orientación en la naturaleza.
11. Practicar actividad física en parajes naturales de Málaga, tomando medidas concretas para reducir el impacto ambiental de la presencia humana y de la práctica lúdico-deportiva.
12. Reconocer y vivenciar juegos populares, tradicionales y autóctonos de Andalucía, valorándolos como parte de nuestro legado cultural que debe ser conservado y difundido.
13. Participar en juegos de los cinco continentes, valorándolos como parte del legado cultural de personas con las que convivimos habitualmente que debe ser conocido y respetado.
14. Utilizar técnicas expresivas y teatrales para comunicar inquietudes personales estructuradas en base a un hilo argumental en improvisaciones y representaciones sencillas creadas de forma cooperativa.

Objetivos en el currículum adaptado

2. Desarrollar las Habilidades Motrices Básicas y actuar conforme a reglas impuestas.
5. Conocer las partes de su cuerpo que intervienen en los distintos juegos planteados.
6. Reconocer las principales manifestaciones circenses, mejorando, a través del manejo de sus materiales, la Coordinación dinámico general, la Coordinación específica y el equilibrio.
8. Imitar los movimientos corporales de los demás y participar en la creación y representación de coreografías sencillas de manera cooperativa.
9. Orientarse en el espacio tomando como referencia el propio cuerpo y participar en recorridos de orientación en un contexto lúdico y cooperativo.
10. Cumplir las normas de seguridad que se le han indicado en la práctica de actividades de trepa y orientación en la naturaleza.
14. Utilizar técnicas expresivas como medio para conocerse a sí mismo y comunicarse con los demás.
15. Desarrollar la autonomía en relación a los hábitos de higiene.
16. Imitar posturas correctas en posiciones de bipedestación, sedestación y decúbito.

Inclusión de los contenidos que siguen:

Contenidos eliminados sustituidos	Contenidos incluidos
- Aspectos estructurales y funcionales básicos del cuerpo humano. - La calidad del movimiento y sus componentes: duración, intensidad y dirección. - Maduración de la lateralidad y desarrollo del lado no dominante. - Estructuración espacial en base a nociones euclidianas. - Estructuración espacio-temporal: el ritmo. - Comunicación interpersonal e introyectiva. - Creación de movimientos ajustados a patrones rítmicos sencillos. - Diferenciación y conocimiento de distintas actividades lúdicas y deportivas. - Elementos estructurales del juego: ficha de juegos. - La regulación del juego y del deporte: normas y reglamentos básicos - El juego y el deporte como fenómeno social y cultural. - Posibilidades del entorno para la práctica lúdico-deportiva: materiales e instalaciones. - Utilización de las estrategias básicas del juego: Cooperación, oposición, cooperación/oposición. - Combinación de Habilidades Genéricas en situaciones lúdicas. - Desarrollo de las Habilidades Específicas del fútbol y el baloncesto. - Recopilación de datos sobre juegos populares y tradicionales - Aceptación de los diferentes niveles de destreza, tanto en sí mismo como en los demás, en la práctica del juego. - Relación entre la práctica regular actividad física y la mejora de la salud y calidad de vida. - Medidas de seguridad para la prevención de accidentes en la práctica de la actividad física y en el uso de los materiales y espacios. - Productos beneficiosos y perjudiciales para el organismo. - Posturas correctas en diferentes posiciones. - Hábitos de trabajo presentes en la actividad corporal: calentamiento y vuelta a la normalidad funcional. dosificación del esfuerzo y control de la ejecución. - Actitud de rechazo hacia productos perjudiciales para el organismo.	- **Topología corporal.** - **Afirmación de la lateralidad.** - **Estructuración espacial en base a nociones topológicas.** - **Conducta motriz imitativa.** - **Conocimiento personal y comunicación interpersonal.** - **Participación en el proceso creativo de movimientos ajustados a patrones rítmicos sencillos.** - **Representación gráfica de situaciones de juego.** - **Posibilidades lúdicas de cada material autconstruido.** - **Utilización de las estrategias de Cooperación.** - **Desarrollo de Habilidades Motrices Básicas en situaciones lúdicas** - **Diálogo sobre juegos populares y tradicionales** - **Normas básicas para el uso del material y la instalación.** - **Productos de su dieta que benefician o perjudican su cuerpo.** - **Actitud contraria hacia productos que perjudican su cuerpo.**

En la **metodología** se realizarán las siguientes adaptaciones:

- La Técnica de Enseñanza será por **Instrucción Directa**. Se le va a indicar en todo momento lo que tiene que hacer y la forma más adecuada de proceder. En el trabajo en subgrupos, delegaremos en sus compañeros y compañeras. De esta forma se enriquecerá el proceso de enseñanza-aprendizaje de todo el grupo.

- **Organización.** Este sujeto estará acompañado en todo momento por dos alumnos o alumnas que desempeñarán un rol de **"facilitadores"** del aprendizaje. Dicho rol será rotativo y, además del área de Educación Física, su función se extiende a los recreos.

- En el plano **socio-afectivo**. El docente va a tener un trato cercano y va a proporcionar estímulos que mantengan un alto nivel de motivación en el sujeto.

- **Material**. Se usarán pocos objetos a la vez con el fin de no crear dispersión. Los objetos deberán ser en un principio grandes y lentos para facilitar las percepciones. Progresivamente se irán introduciendo materiales que incrementen la dificultad perceptiva. Por ejemplo, en el trabajo de lanzamientos y recepciones, se podría progresar así: globos, pelotas de gomaespuma, pelotas de plástico, pelotas pequeñas.

3. ANÁLISIS DE LAS PRINCIPALES ADAPTACIONES EN LA ACTIVIDAD LÚDICO-MOTRIZ

Las necesidades del alumnado se clasificarán en función del mecanismo del acto motor (perceptivo, cognitivo y ejecutivo) que se vea afectado. Aunque es preciso reseñar que, con independencia del mecanismo implicado, siempre afectará al acto motor, al movimiento.

3.1. Necesidades en el plano ejecutivo

Surgen como consecuencia de alteraciones del aparato locomotor y de su funcionamiento. Repercuten directamente sobre los sistemas ósteoarticular, muscular y nervioso.

Luque (2002) estable una gradación de los problemas motores en función de su origen:

- Origen cerebral: parálisis cerebral, traumatismo craneoencefálicos y tumores.
- Origen espinal: poliomelitis, espina bífida, lesiones medulares degenerativas y traumatismos medulares.
- Origen muscular: miopatías.
- Origen osteoarticular, malformaciones (congénitas, distróficas, microbianas), reumatismo de la infancia, lesión por desviación de la raquis.

Las más comunes en la escuela son: parálisis cerebral, espina bífida y desviaciones de columna.

En relación con la actividad lúdico-motriz, los problemas motores se caracterizan por la presencia de dificultades o limitaciones en los siguientes ámbitos:

- Alteraciones posturales, reflejadas en actitudes cifóticas, lordóticas y escolióticas.
- Restricciones motrices. Fundamentalmente en los desplazamientos (marcha, carrera, trepa, cuadrupedia y deslizamientos), saltos y giros. Además se ve afectada la coordinación estática y dinámica; y se evidencian dificultades en la manipulación de objetos.
- Problemas de lenguaje, en relación con la motricidad fina: expresión y articulación.
- Inhibición social, como consecuencia de todo lo anterior.

Ante tales características, las necesidades de los sujetos se concretan en (adaptado de Toro, 1995):

- El desarrollo psicomotor, mediante la propuesta tareas accesibles y retos factibles considerando su nivel de capacidad.
- El acceso al medio físico y social, fomentando el desarrollo de la autonomía personal y el cumplimiento de la legislación en lo referente a la eliminación de barreras arquitectónicas.
- La adaptación de los materiales a sus capacidades.
- La constante motivación e integración. Para ello, es imprescindible lograr la implicación socio-afectiva del grupo-clase.
- Coordinación entre los agentes educativos y el personal médico.

Teniendo en cuenta las necesidades identificadas, el desarrollo de las actividades lúdico-motrices precisará adaptaciones encaminadas a:

1. Aumentar la participación.

2. Igualar la desventaja de los alumnos con capacidades diferentes, mediante juegos y deportes adaptados.

3. Educar en la desventaja, concienciando al resto del alumnado de la problemática concreta de los compañeros y compañeras con NEAE.

3.2. Necesidades en el plano cognitivo

Son alteraciones de las capacidades mentales. En relación con el acto motor, afectan al mecanismo cognitivo y, consecuentemente, repercuten sobre la respuesta motora.

Los problemas psíquicos pueden tener su origen en enfermedades mentales (neurosis, psicosis, etc.) o en déficit mental. Siendo esta última la más frecuente en el ámbito escolar y, por tanto, la que merece la atención de este epígrafe.

La deficiencia mental conlleva un rendimiento intelectual por debajo de los valores considerados normales. Su manifestación inicial tiene lugar a lo largo del periodo evolutivo y, normalmente, se asocia a un desajuste del comportamiento. La *Asociación Americana para la Deficiencia Mental* establece una gradación tomando como criterio el Cociente Intelectual (C.I.).

1. Deficiencia mental profunda: C.I. inferior a 25.
2. Deficiencia mental severa: C.I. inferior a 40.
3. Deficiencia mental moderada: C.I. inferior a 55.
4. Deficiencia mental ligera: C.I. inferior a 70.
5. Deficiencia mental límite: C.I. inferior a 85.

En relación a la actividad lúdico-motriz, Linares (1993) expone que los sujetos se caracterizan por:

- Escaso equilibrio y locomoción deficitaria.
- Torpeza psicomotriz, dificultades en coordinaciones complejas y en destrezas manipulativas.
- La eficiencia motora y la condición física son inferiores a la normal, aumentando las diferencias con la edad.
- La resistencia cardio-vascular es inferior a la media.
- Presentan mayor éxito en las actividades de gran motricidad, por ejemplo en los juegos, que en aquellas que requieren del razonamiento.

- En general, el modelo de desarrollo es igual al del resto los niños, pero con un ritmo mucho más lento.

En función de todo ello, las necesidades educativas que demandan tiene que ver con su desarrollo cognitivo, motor, lingüístico y afectivo; siendo muy importante la adquisición de la máxima autonomía posible y el desarrollo de la autoestima.

El docente, además de la adaptación del material y actividad a su nivel cognitivo y motriz, ha de realizar cambios en las actividades lúdico-motrices encaminados a facilitarle al sujeto con NEAE dos acciones concretas:

- El procesamiento de la información, proporcionando información de forma breve y sencilla, y utilizando todos los canales de comunicación, aumentando el tiempo de comprensión, etc.
- La toma de decisiones, proponiendo tareas "cerradas", usando una técnica de enseñanza basada en la "Instrucción Directa".

3.3. Necesidades en el plano perceptivo

Están derivadas de problemas que inciden sobre los órganos de los sentidos o sus transmisiones nerviosas. En relación con el acto motor, afectan a la entrada de la información.

Pueden clasificarse en función del sentido al que afecten. Las más comunes son: visuales y auditivas.

3.3.1 Relacionadas con la visión

La deficiencia visual se puede clasificar en cuatro grados:

- Ciegos. Según la OMS, es ciega la persona que no supera 1/10 de agudeza visual o ángulo de visión de 30 grados.
- Ciegos parciales. Son capaces de percibir la luz y determinadas formas (sin definición).
- Amblíopes. Su agudeza es de entre 1 de 3/10 y un ángulo de visión de unos 10 grados.
- Baja visión. Se perciben los objetos, pero a muy corta distancia.

En relación a la actividad física, Defontaine (en Linares, 1992) afirma que las minusvalías visuales se caracterizan por:

- Un retraso en la construcción del esquema corporal, debido a la importancia de la visión en el conocimiento del propio cuerpo.
- Deficitaria coordinación general, que tiene su origen en la falta de experiencias motrices fruto de la inseguridad en relación al medio.
- Carencia de coordinación de las informaciones perceptivas y de su ajuste a la realidad exterior.
- El mayor problema psicomotor es la orientación espacial, que repercute sobre la estructuración temporal, provocando su retraso.

Con ello, las principales necesidades educativas de los sujetos con problemas de visión son:

- Conocimiento del propio cuerpo.
- Conocimiento, estructuración y organización espacial.
- Conducta motriz imitativa.
- Control de las ejecuciones motrices.
- Adquisición de habilidades motrices.

Las adaptaciones a realizar en las actividades lúdico-motrices se orientarán a asegurar la recepción de información. Las medidas más importantes son:

- Actuar sobre la Técnica de enseñanza, proporcionando más información. En este sentido, es conveniente que el sujeto explore el espacio y adquiera confianza, además de información.
- Simplificación de las percepciones, utilizando materiales de gran tamaño y colores vivos; reduciendo la velocidad del estímulo, al tiempo que se incrementa su intensidad y duración; eliminando interferencias, etc.

3.3.2. Relacionadas con la audición

Siguiendo los criterios del Ministerio de Sanidad, la minusvalía auditiva se clasifica en:

- Sordos profundos: pérdida de audición superior a los 90 decibelios.
- Hipoacúsicos: pérdida inferior a 90 decibelios.

En relación con la actividad lúdico-motriz, la principal dificultad de estas personas viene dada por la alteración del equilibrio estático y dinámico. Su manifestación más evidente es la dificultad para desplazarse y poner en práctica cualquier otra habilidad que implique la equilibración.

Las necesidades de los educandos con déficit auditivo son:

- Desarrollo del equilibrio y coordinación.
- Facilitar su comunicación e integración en el grupo.

Las adaptaciones más efectivas son las que se centran sobre la metodología, con el fin de asegurar la comunicación. Es recomendable disponer alternativas al lenguaje verbal, como el visual y kinestésico-táctil. Además, dadas sus necesidades, se deben programar progresiones más amplias en la adquisición de habilidades de equilibraciones. Y no hay que olvidar la adopción de medidas de seguridad extraordinarias para la participación del sujeto en tareas en las que se eleve en centro de gravedad.

Capítulo 6

EVALUACIÓN DE ACTIVIDADES LÚDICO-MOTRICES

1. LA EVALUACIÓN

La evaluación es un elemento fundamental del proceso de enseñanza y aprendizaje, ya que al evaluar se realiza un seguimiento de todo el proceso y de este modo se garantiza que la intervención educativa es la adecuada. Evaluar no solo va a estar dirigido a los alumnos, sino que también se aplicará a la tarea docente y a la programación (e incluso a todos los niveles de planificación).

La evaluación es un proceso en el que se obtiene información a través de unos instrumentos de evaluación de forma sistemática con el fin de emitir juicios en base a unas referencias (criterios de evaluación) para verificar el grado de cumplimiento de los objetivos y, en consecuencia, tomar decisiones.

En este sentido también se pronuncia Tenbrink (1981), al considerarla como el proceso de obtención de información y de su uso para formular juicios, que a su vez se utilizarán para tomar decisiones.

Delgado (1991) define evaluación como el conjunto de actividades, análisis y reflexiones que permiten obtener un conocimiento y una valoración lo más real, integral y sistemática posible de todo el proceso de enseñanza-aprendizaje, a fin de comprobar en qué medida se han alcanzdo los objetivos y poder actuar sobre ello para regularlo.

Tal y como se recoge en la normativa vigente sobre evaluación, ésta debe caracterizarse por ser:

- Global y, por tanto, referida al conjunto de capacidades expresadas en las competencias básicas y los criterios de evaluación.

- Tendrá carácter continuo, al ser considerada como un elemento inseparable del proceso educativo por el cual los docentes recogen información de manera permanente acerca del proceso de enseñanza-aprendizaje del alumnado.

- En consecuencia se le otorga una función formativa en cuanto a su papel regulador y orientador del proceso educativo.

- La evaluación tendrá un carácter cualitativo y contextualizado, es decir, referido a su entorno y a un proceso concreto de enseñanza y aprendizaje.

El sentido formativo de la evaluación, recogido en su carácter, se manifiesta en las siguientes funciones:

- *Función de identificación*, por la cual el alumnado reconoce sus competencias y habilidades y las asume como parte de su identidad personal.

- *Función de diagnóstico*, que permite identificar las posibles dificultades o capacidades potenciales del alumnado.

- *Función de pronóstico*, que contribuye a que el alumnado elija mejor sus intereses en relación con las actividades, a la vez que a corregir o compensar aspectos de las mismas.

- *Función de motivación*, de cara a la consecución de progresos, incidiendo en los logros obtenidos y efectuando un tratamiento positivo de las deficiencias constatadas.

En definitiva, la evaluación centra su interés en el *proceso*, más que en el *producto* de aprendizaje. Contextualizando esta conclusión en el juego, es importante restar importancia al resultado final del juego; trasladando el foco el interés de la evaluación sobre la forma de interaccionar con los demás, con el cumplimiento de las normas, el respeto de las decisiones de los jueces, la cooperación, la aceptación del resultado, la ayuda a los menos capaces... En síntesis: en el desarrollo del juego.

Es posible establecer criterios gracias a los cuales se identifican diferentes modos de evaluar:

- Con respecto a la referencia elegida:

  a. Evaluación normativa (con referencia a normas). El juicio para la evaluación de un alumno se hace en relación al rendimiento del grupo en conjunto, al cual se aplica el programa de enseñanza.

b. Evaluación criterial (con referencia a criterios). Se centra en los niveles de ejecución individual, con independencia de los resultados obtenidos del grupo en que esté encuadrado. Debemos atender a este tipo de evaluación, convirtiéndose el alumno en su propio referente, se evalúa teniendo en cuenta la evolución con respecto a sí mismo y su situación de partida.

- Según la participación de los elementos personales:

   a. Evaluación interna: cuando el agente evaluador está inmerso dentro del proceso de enseñanza y aprendizaje. Es posible distinguir los siguientes tipos:

      - Autoevaluación: evaluador = evaluado. El alumno se evalúa a sí mismo o el profesor se evalúa a sí mismo. Se encuentra en la línea de una concepción renovada de la enseñanza que responsabilice al alumno de su desarrollo y de sus logros.

      - Heteroevaluación: evaluador es distinto al evaluado. El profesor evalúa al alumno o el alumno evalúa al profesor.

      - Evaluación recíproca o coevaluación, el alumno evalúa a un compañero y es evaluado por éste. Este enfoque permite alejarse de uno mismo sin dejar de implicarse en el proceso de evaluación.

   b. Evaluación externa: cuando el agente evaluador está fuera del proceso de enseñanza-aprendizaje, por ejemplo la Inspección Educativa.

- Según la temporalización:

   a. Evaluación continua, es aquella que se aplica durante todo el proceso y dentro de él, nunca por separado. Las fases de la evaluación continua son las siguientes: (1) evaluación inicial; (2) evaluación procesual; y (3) evaluación sumativa.

   b. Evaluación puntual, que ocuparía el polo opuesto de la evaluación continua. Atiende solo a alguna de las fases de la evaluación anterior, especialmente a la evaluación inicial y, sobre todo, final. En este caso, se obvia el propio proceso de enseñanza-aprendizaje.

- Según el procedimiento de recogida de datos:

a. Evaluación cuantitativa: la que se registra y expresa en marcas, número de repeticiones, series, tiempo, etc.

b. Evaluación cualitativa: la que se registra a base, fundamentalmente de la observación en instrumentos tales como listas de control, cuaderno del alumno, etc. La evaluación, como obtención de información, es un proceso continuo a lo largo de la etapa educativa. Dentro de este continuo, la evaluación debe realizarse en tres momentos claves del proceso de enseñanza aprendizaje: antes, durante y al final del mismo.

2. EVALUACIÓN DEL APRENDIZAJE

En este punto, siguiendo la propuesta organizativa de Coll (1987), se analizará: *qué, cuándo* y *cómo* evaluar.

2.1. Qué y cuándo evaluar

Los docentes evaluarán los aprendizajes del alumnado en relación con el desarrollo de las competencias básicas establecidas en el currículum, teniendo en cuenta los criterios de evaluación.

La evaluación se realizará a lo largo del proceso de enseñanza y aprendizaje y al término de cada ciclo, a partir de la información obtenida en el proceso de evaluación continua. Los datos de esta evaluación se trasladarán al expediente académico del alumno o alumna en cuestión.

Además, los tutores elaborarán un "Informe de Evaluación Individualizado" al finalizar cada año académico.

2.2. Cómo evaluar

Blázquez (1993) plantea que la respuesta al "cómo evaluar" la proporcionan los "modos de evaluación" (analizados anteriormente), los "mecanismos" e "instrumentos".

Los mecanismos de evaluación son las pautas de actuación del profesor y el alumno a la hora de evaluar. Se asemeja a "procedimiento" y "técnica" de evaluación. Blázquez identifica:

- *Mecanismo de observación*, donde el docente realiza la evaluación sobre cualquier actividad.
- *Mecanismo de experimentación*, donde se planifica una actividad específica de evaluación.

Los instrumentos son los elementos concretos que se van a utilizar para llevar a acabo la evaluación. Blázquez (1993) los clasifica según sean utilizados en los *Mecanismos de observación* o en los *Mecanismos de experimentación*.

2.2.1. Instrumentos del Mecanismo de observación

OBSERVACIÓN DE APRECIACIÓN (sobre aspectos cualitativos)	Observación directa	Registro anecdótico
	Observación indirecta (con definición previa de los aspectos a observar)	Lista de control
		Escala de clasificación: Ordinales Numéricas Gráficas Descriptivas
OBSERVACIÓN DE VERIFICACIÓN (sobre aspectos cuantitativos)	Observación indirecta	Registro de acontecimiento
		Muestreo de tiempo
		Registro de intervalos
		Cronometraje

(Blázquez, 1992, En: Posada, 2000)

- *Registro anecdótico.* Consiste en una breve descripción de un comportamiento significativo para la evaluación o criterio docente.

- *Lista de control.* Serie de frases que expresan conductas o secuencias de acciones ante las que el docente determina su presencia o ausencia.

- *Escala de clasificación.* Serie de frases similar a la anterior frente a la que el docente expresa en qué grado se dan las conductas que expresan.

- *Registro de acontecimiento.* Plantilla donde se registra el comportamiento predefinido cada vez que éste aparece (dentro de este instrumento se ubica el ludograma).

- *Muestreo de tiempo.* Se fija un periodo de tiempo al término del cual se verifica el comportamiento definido.

- *Registro de intervalos.* Similar al anterior, pero el comportamiento se verifica si se produce en cualquier momento del intervalo y no solo al final.

- *Cronometraje.* Se cronometra la duración de cada comportamiento predefinido.

Plantillas y ejemplos para clase:
www.hoyjugamosenclase.com

2.2.2. Instrumentos del Mecanismo de experimentación

Los instrumentos de este mecanismo son muy utilizados para evaluar en Educación Física. En concreto las pruebas y test motores.

Contreras (1998) plantea que las pruebas psicomotrices más útiles en el ámbito educativo son:

- *Test motor de Ozeretzki.* Aplicable de seis a catorce años, comprende las siguientes valoraciones:

> Coordinación (estática y dinámica).
> Rapidez de movimientos.
> Movimientos simultáneos.
> Ausencia de sincinesias.

- *Perfil psicomotor de Vayer.* Se puede aplicar desde los dos a los once años y comprende los siguientes aspectos:

> Coordinación dinámica general y de manos.
> Equilibrio.
> Control segmentario y postural.
> Pruebas complementarias: lateralidad, rapidez y respiración.

Con respecto a las pruebas para valorar la condición física, Posada (2000) propone una serie de test contrastados en su práctica profesional:

- Resistencia: 1000 metros lisos.
- Flexibilidad: flexión profunda de cuclillas.
- Velocidad: 50 metros lisos.
- Fuerza: Abdominales en 30 segundos (abdominales).
- Fuerza: Salto horizontal pies juntos (potencia piernas).

- Fuerza: lanzamiento de balón medicinal de 3 KG (fuerza general).

Más sobre los test motores en: www.hoyjugamosenclase.com

2.2.3. Instrumentos apropiados para evaluar actividades lúdico-motrices

Todos los instrumentos presentados hasta ahora son aplicables en la evaluación sobre juegos y deportes. Sin embargo, la riqueza de esta actividad para el desarrollo actitudinal vinculado a la motricidad recomienda la observación mediante los siguientes instrumentos (que no son excluyentes, pueden usarse junto con los anteriores):

- Opinión del docente, ya que no se puede desligar al profesor del derecho y deber de emitir opiniones de lo que ha observado subjetivamente, otra cuestión bien diferente sería el abuso que de este instrumento se hiciera.

- Estudio del grupo. Permite al profesor apreciar relaciones que se dan en el grupo, el papel de determinados alumnos, las carencias o dominancias, etc.

- Diario del alumno, en él, los alumnos pueden manifestar opiniones, actitudes, etc.

- Entrevistas, que pueden ser de carácter muy abierto, o totalmente cerradas cuando se quiere tratar alguna cuestión en particular, generalmente se aplican cuando se descubre algún tipo de problema: afectivo, de comportamiento...

- Sociograma, que permite un análisis de las relaciones y roles del grupo.

- Ludograma. A partir de la realización de un juego, donde un móvil tenga que cambiar de poseedor continuamente, es posible plasmar en una ficha las circulaciones que realiza el balón entre los jugadores. Algunos alumnos lo tocarán más frecuentemente, otros menos o nunca. Varias pueden ser las razones que motiven estos hechos, unas pueden ser de orden físico (habilidad, altura, fuerza...), pero otras suelen estar vinculadas a las afinidades o rechazos que existen afectivamente entre los jugadores. El profesor podrá extraer aplicaciones concernientes a la composición de grupos, modificación de reglas, elección de los juegos, etc., con la intención de integrar y posibilitar la participación de todos los alumnos.

Si el alumno "Juan" efectúa un pase a la alumna "María", se anotará una señal en la casilla (Juan-María). Si el pase lo da María, se anotará en la casilla (María-Juan).

Alumno/a	JUAN	LAURA	LUIS	TANIA	ANA	Nº Pases emitidos
JUAN	-	0	13	3	4	20
LAURA	0	-	2	1	1	4
LUIS	10	0	-	2	3	15
TANIA	7	2	0	-	8	17
ANA	3	2	0	11	-	16
Nº de pases recibidos	20	4	15	17	16	Total de pases 72

Ejemplo de Ludograma

3. EVALUACIÓN DE LA ENSEÑANZA

3.1. Qué y cuándo evaluar

La legislación vigente en materia de evaluación recoge que la evaluación del proceso de enseñanza y de la práctica docente deberá incluir aspectos relacionados con:

- La organización del aula y aprovechamiento de los recursos del centro.

- El carácter de las relaciones (docente-discente, docente-docente y discente-discente).

- La coordinación entre los órganos y personas responsables en el centro de la planificación y desarrollo de la práctica docente.

- La regularidad y calidad de la relación con los padres, madres o tutores legales.

La evaluación del proceso de enseñanza se realizará de forma continua, debiendo incluir sus resultados (y el análisis de los mismos) en los documentos pertinentes.

3.2. Cómo evaluar

En cuanto al mecanismo, Stenhouse (1984) defiende que la evaluación del proceso de enseñanza debe ser entendida como un proceso de investigación.

La legislación educativa indica que los docentes evaluarán los procesos de enseñanza y su propia práctica docente. Esto implica desarrollar la evaluación en un ámbito pedagógico (diseño de la unidad didáctica) y en otro didáctico (intervención).

Entre los aspectos que conviene tener en cuenta para realizar la evaluación del proceso de enseñanza están:

En cuanto al diseño de la unidad didáctica:

- Adecuación de los objetivos y contenidos planteados a las características del centro, su entorno y a las peculiaridades de los alumnos y alumnas.
- Validez y eficacia de las actividades, medios didácticos y situaciones de aprendizaje.
- Validez y eficacia de las actividades, mecanismos e instrumentos de evaluación (metaevaluación).

Además, según Díaz (2005), hay que considerar:

1. Si las unidades recogen las capacidades que se ha decidido desarrollar en el ciclo, es decir, si guardan coherencia con los objetivos.

2. Si en las unidades se establece una secuencia de aprendizaje adecuada (se acota el tema, se parte de las ideas previas de los alumnos, se comparten los objetivos de aprendizaje, se realiza un plan de trabajo, se prevé la actividad reflexiva por parte del alumnado, etc.).

3. Si las actividades permiten distintos ritmos en su ejecución y por tanto grados diferentes de desarrollo de capacidades.

4. Si los recursos didácticos y las situaciones de aprendizaje programadas (materiales elaborados por el profesorado, libros de texto, trabajo por talleres, en rincones, salidas extraescolares, etc.) guardan coherencia con los acuerdos de orden metodológico por los que se ha optado.

5. Si existe una presencia equilibrada de los diferentes tipos de contenidos (conceptos, procedimientos y actitudes).

6. Si la unidad prevé instrumentos de evaluación que permitan al profesorado obtener información sobre el proceso de sus alumnos y alumnas y sobre el proceso de enseñanza, y al alumnado reflexionar sobre su propio aprendizaje.

En cuanto a la intervención docente:

- La actuación del docente.
- El ambiente de trabajo en clase.
- El grado de satisfacción de las relaciones humanas.

Sáenz-López (2002), tomando como referencia las disposiciones legales sobre evaluación, propone los instrumentos de evaluación que siguen:

- Para el proceso de enseñanza:

  - Informes del servicio de inspección educativa.
  - Informes de los órganos colegiados.
  - Aportaciones de los asesores técnicos de los Centros de profesores y equipo de apoyo externo.
  - Opiniones de los tutores como resultado de la evaluación del aprendizaje de sus alumnos.
  - Observación y reflexión sobre la propia práctica.
  - Instrumentos que recaben la opinión del alumnado sobre el proceso (cuestionarios, entrevistas...).

- Para la práctica docente:

  - Autoevaluación del docente.
  - Evaluación por parte del alumnado mediante cuestionarios.
  - Evaluación compartida mediante puesta en común con el grupo de clase.
  - Evaluación por parte de los colegas, mediante puestas en común y observaciones.

A continuación, a modo de ejemplo, se presenta una propuesta práctica para la realización de la evaluación en este ámbito.

La propuesta forma parte de un modelo integral de recogida de información acerca del proceso de enseñanza desde dos perspectivas: el docente y el alumnado. Y en relación a: la actuación del docente, el ambiente de trabajo en clase y el grado de satisfacción de las relaciones humanas.

La información que extraiga el docente acerca del funcionamiento de las diferentes sesiones se registrará en unas fichas diseñadas para tal fin, durante la práctica.

Recabar información, sobre el mismo particular, en el alumnado resultará más difícil puesto que no se sienten autorizados ni capacitados para valorar nuestra actuación y las actividades que se le proponen. Para superar esta dificultad se presenta el siguiente ejercicio basado en la dramatización:

Se trata de proponerle al alumnado una ficha con diversos rostros faciales, que indicarán sentimientos variados (alegría, aburrimiento, interés, cansancio...); pero éstos no aparecerán escritos, solo están los trazos gráficos de las caras.

Con ellas, el sujeto tendrá que pensar sobre las sesiones y atribuirles una cara a cada sesión de la unidad didáctica en cuestión.

Después de la reflexión, se pondrán en común las conclusiones. Para ello, el alumno o alumna representará el rostro dibujado en la ficha utilizando sus propios rasgos faciales (sin usar leguaje verbal). Una vez que el resto del grupo relacione "el rostro puesto con el dibujado", se explicará qué sentimientos le sugiere la expresión representada y el motivo por el cual despierta tal sentimiento.

Con ello se recopilará información sobre cómo se han sentido en las sesiones, cuáles han sido más divertidas, monótonas, interesantes...

También se considerarán los resultados de la evaluación de los aprendizajes de los alumnos y alumnas, cuyos resultados vendrán reflejados en los documentos de evaluación. No se puede desligar la evaluación de los aprendizajes de los alumnos y alumnas de la evaluación del proceso de enseñanza.

Usa esta ficha en clase, descárgala en:
www.hoyjugamosenclase.com

4. CRITERIOS DE EVALUACIÓN

Blanco y Escamilla (2004) entienden los criterios de evaluación como enunciados que expresan el tipo y grado de aprendizaje que se espera que hayan alcanzado los alumnos en un momento determinado, respecto de algún aspecto concreto de las capacidades indicadas en los objetivos generales. Los criterios de evaluación propuestos por la Administración educativa cumplen las siguientes funciones:

- *Función homogeneizadora*, al facilitar la evaluación de las competencias que se consideran básicas para el alumnado.

- *Función formativa*, en tanto que dan información para reconducir el proceso de enseñanza-aprendizaje.

- *Función orientadora* para el profesorado, al ofrecer una referencia para la elaboración de los criterios de evaluación que debe diseñar en los distintos niveles de concreción.

- *Función sumativa*, en tanto que son un referente, al finalizar el ciclo y la etapa, para recoger información acerca del momento de aprendizaje en que se encuentran los alumnos y alumnas.

Capítulo 7

DESARROLLO VINCULADO A LA ACTIVIDAD LÚDICO-MOTRIZ EN LA EDAD ESCOLAR

1. DESARROLLO NEUROMOTOR

1.1. Sistema nervioso

En general, el desarrollo del sistema nervioso se caracteriza por un crecimiento rápido y una maduración lenta.

- El crecimiento del sistema nervioso habrá concluido entre los tres y cinco años. De no producirse en este momento, no se producirá después. Además, las células que vayan muriendo no serán reemplazadas.

- Su maduración se caracteriza por ser lenta, dura hasta los treinta años. Todas las células están presentes desde el nacimiento, aunque no todas asumen su función. La maduración evoluciona mediante dos procesos: (1) la multiplicación del número de contactos interneurales y (2) la mielinización.

A efectos prácticos, el control neuromotor se adquiere de acuerdo con dos leyes, que también rigen la maduración:

- *Ley céfalo-caudal.* El sujeto adquiere un control progresivo, que comienza por su cabeza, tronco y, por último, extremidades.

- *Ley próximodistal.* En las extremidades, la progresión comienza por hombros, codos y, por último, la motricidad fina de los dedos.

1.2. Sistema óseo

El desarrollo del sistema óseo se refleja en la evolución del peso y la talla. Por ello, se profundiza en los procesos que intervienen en dicha evolución: el crecimiento y la osteogénesis.

El crecimiento se rige por unas leyes básicas y comunes a todos los sujetos:

- *Ley de progresión y amortiguamiento*. El impulso de crecimiento es mayor cuanto más joven es el sujeto, excepto en la "fase de impulso puberal".

- *Ley de alternancia*. No todos los periodos son similares, se alternan momentos de gran crecimiento (en la pubertad se llega a un máximo de diez centímetros anuales) con otros de menor intensidad.

- *Ley de disociación*. No todas las partes del cuerpo crecen a la vez, ni a la misma velocidad. Por ejemplo, en la pubertad crecen fundamentalmente las extremidades.

La osteogénesis es el proceso de formación del nuevo hueso. Es un proceso fisiológico de creación y remodelación celular que continúa más allá del punto de crecimiento final. "El desarrollo óseo es el resultado de un equilibrio dinámico entre células del tejido óseo que promueven la formación de depósitos calcáreos (Osteoblastos y Osteocitos) y células del mismo tejido que favorecen su disolución (Osteoclastos). Es decir, el tejido óseo está en constante creación y destrucción" (Sayalero, 2003: 38).

En la etapa de crecimiento, la osteogénesis se produce a partir de estructuras cartilaginosas, que terminan transformándose en hueso tras el siguiente proceso:

- *Formación del núcleo de osificación primario*. En el hueso comienza a definirse un estuche diafisario. Las epífisis siguen siendo cartílagos.

- *Aparición del núcleo de osificación secundario*. Surgen núcleos de osificación en el interior de las epífisis y se empieza a formar el tejido esponjoso, que se acumula en las epífisis.

- *Metáfisis*. Una vez compactado el tejido óseo, en la diáfisis quedan dos cartílagos (Metáfisis), que propician el crecimiento longitudinal del hueso.

1.3. Sistema muscular

El desarrollo del sistema muscular, en la infancia, es más lento que el óseo. Sin embargo, durante la pubertad experimenta una gran aceleración tanto en su crecimiento como en su maduración.

- Crecimiento. Tiene lugar mediante la hipertrofia. En la pubertad, la eclosión hormonal hace que se incremente notablemente la producción de testosterona, que es el anabolizante por excelencia para la hipertrofia.

- Maduración. Se produce como consecuencia de la maduración de otros sistemas relacionados:
  - Sistema nervioso. Es el encargado de la transmisión de la estimulación al músculo. Al madurar se produce una mejora de la coordinación inter e intramuscular, mejorando su eficacia funcional.
  - Sistema cardio-respiratorio. Proporciona energía al músculo. Al madurar se optimizará la velocidad de obtención de energía y su cantidad, mejorando su capacidad funcional.

2. PRINCIPALES PATOLOGÍAS EN EL DESARROLLO CORPORAL

En relación con el crecimiento, es posible diferenciar entre problemas inherentes al desarrollo estaturoponderal y enfermedades del aparato locomotor.

- Problemas relacionados con el desarrollo estaturoponderal. Se designan con el nombre de "Ausopatías" los desórdenes más específicos que afectan al desarrollo en peso y talla. Hay cuatro tipos.
  - Gigantismo: exceso de altura relacionado con problemas hormonales.
  - Enanismo: desarrollo deficiente del sistema esquelético en altura, también de origen endocrino.
  - Obesidad: exceso de grasa corporal.
  - Caquexia: extrema decadencia del estado nutritivo y sanguíneo del organismo y sus funciones.

- Enfermedades del aparato locomotor. Pueden afectar a músculos (miopatías), huesos y articulaciones (reumatismo de la infancia).

La patología más común en el desarrollo es la Osteocondrosis, que afecta a los centros de osificación del hueso, mediante una degeneración y su posterior recalcificación. Su categoría diagnóstica difiere en función de la edad y zona de afección:

- *Enferm*edad de Leg-Calvé: en la zona proximal de la epífisis del Fémur. Es más frecuente entre los cinco y siete años.

- Enferme*dad de Osgood-Schlatter*: en la tuberosidad tibial. Es más frecuente entre los nueve y catorce años.

Considerando la incidencia sobre la capacidad de movimiento, la patología más frecuente en edad escolar es la *Torpeza motriz*.

La *Torpeza motriz* es una dificultad en la ejecución de movimientos que se va a manifestar en problemas de coordinación, autocontrol, lenguaje y dificultades en los primeros años de escolaridad. No solo en habilidades, también en los aspectos cuantitativos del movimiento. Hay dos tipos de dificultades específicas observadas en niños con torpeza motriz:

- *Ataxia*. Trastorno de la motricidad vinculada a un defecto de coordinación intermuscular motivada por problemas perceptivos de la información procedente de los órganos cinestésicos.

- *Apraxias*. Incapacidad de realizar correctamente un movimiento. No por problemas a nivel perceptivo (*Ataxia*) sino neurológico, por el trastorno de los niveles motores, especialmente el teleopráxico y motoneuronas superiores.

3. DESARROLLO COGNITIVO

Resulta importante conocer las pautas generales sobre el desarrollo mental de los niños, sin olvidar que cada persona tiene un desarrollo individual y singular. Conocer las dificultades que pueden presentarse en las distintas áreas curriculares a la hora de abordar el proceso de enseñanza-aprendizaje. Todo ello determinará las adaptaciones que deberán realizarse en la actividad lúdica.

La clasificación de Piaget (1969) recoge las características cognitivas, afectivas y conductuales. Se basa en dos premisas:

1. *El principio de acción*: según el cual los conocimientos se derivan de la acción del sujeto por su asimilación y no por asociación.

2. *Ley de Maduración*: las estructuras mentales no son innatas,

sino que se forman gradualmente, pero cada individuo experimenta un proceso madurativo distinto, es decir, todos los sujetos pasan por las mismas etapas madurativas en periodos de edad distintos.

Partiendo de esto, Piaget establece cuatro periodos fundamentales en el desarrollo de las operaciones mentales. Con ellos, se abarca desde el nacimiento hasta el fin de la adolescencia. A partir de este momento, el desarrollo se produce de forma equilibrada.

Primera etapa: "Inteligencia práctica" o "Estadio sensorio-motriz" (0-2 años)

"Para examinar cómo evoluciona el pensamiento de los niños, Piaget observó el desarrollo de sus tres hijos y de esa observación nacieron las bases de su teoría de la primera etapa del desarrollo cognoscitivo" (Papalia y Wendkos, 1997: 135).

Se caracteriza por el constante intento de adaptarse al medio mediante la manipulación de objetos, los sonidos, la exploración... El razonamiento se emplea a partir de supuestos aportados por el adulto y siempre con una finalidad inmediata. El sujeto es incapaz de generalizar y abstraer conceptos.

El fin de esta etapa instrumental comienza con la construcción de los primeros esquemas mentales autónomos. Esto dará paso a la reversibilidad de las estructuras elaboradas (como por ejemplo la organización de desplazamientos), que marcarán el inicio de la etapa siguiente.

Segunda etapa: "La simbólica y semiótica" o "Estadio preoperatorio" (2- 8 años)

Se da cuando el pensamiento adquiere la capacidad de emplear símbolos y signos para comunicarse con otras personas de forma que se produzca un entendimiento mutuo de contenidos encadenados y con sentido.

Esta capacidad permite abstraer las acciones propias de la etapa anterior, de forma que podamos prever acciones y expresarlas mediante de forma simbólica. Gracias a esta nueva aptitud, el niño va creando un "mundo interior", que irá sustituyendo a los objetos como centro de interés. Un ejemplo de ello podemos encontrarlo en los juegos individuales de representación interna propios de estas edades.

Pero la actividad sigue siendo fundamental en esta etapa, sin ella el niño nunca llegaría a la construcción las nociones más elementales de la conversación, que es la base de la deductividad lógica. Las funciones de la actividad serán:

- La adecuación de la realidad exterior con su "mundo interior", es decir tiene que conocer los objetos que le rodean para acomodarlos a sus funciones mentales.

- Pero "para acomodar su actividad a las propiedades de las cosas, el niño necesita asimilarlas en su acción e incorporarlas verdaderamente" (Piaget, 1969: 178).

Tercera etapa: "Formación de operaciones" o "Estadio del pensamiento concreto" (7 -11 años)

El inicio de esta etapa se produce cuando el educando realiza sus primeras estructuras dinámicas completas (categorizaciones, relaciones numéricas, etc.). La característica principal de ésta la constituye un nuevo procedimiento para la solución de problemas. Ahora se empleará la *reversibilidad operatoria*, que está constituida por interiorizaciones, coordinaciones y descentralizaciones. Ese nuevo método supone la inclusión de las partes en el todo para la comprensión de cada una de éstas.

Esta nueva estructura mental confiere a la persona la aptitud para desarrollar operaciones lógico - concretas.

Cuarta etapa: "Operaciones proporcionales" o "Estadio del pensamiento formal" (11 años - fin de la adolescencia)

"Su característica general es la conquista de un nuevo modo de razonamiento que no se refiere ya solo a los objetos o realidades directamente representables, sino también a 'hipótesis', es decir, a proposiciones a las que se pueden extraer las necesarias consecuencias, sin decir sobre su verdad o falsedad, antes de haber examinado el resultado de estas implicaciones. Asistimos a la formación de nuevas operaciones llamadas 'proposicionales', en vez de operaciones concretas" (Piaget, 1969: 43).

En esta etapa el pensamiento se individualiza de la representación de la acción, por lo que se hace patente una mayor fluidez de pensamiento y, consecuentemente, de verbalización.

4. DESARROLLO DE LA SOCIABILIDAD

La dimensión social, entendida como la forma de manifestación individual ante los demás, puede contemplarse desde dos perspectivas: *la psicoanalítica y la del desarrollo cognitivo.*

Desde el *Psicoanálisis* se trata de averiguar los cambios subjetivos que se producen en la mente. Freud desarrolló toda una teoría (*Tª Psicoanalítica del desarrollo de la personalidad*) que trataba de explicar dichos cambios, en ella se afirma que hay tres etapas básicas de desarrollo: la *infancia temprana* (0-5 años), el *periodo de latencia* (5-13 años), y la *pubertad*.

Erickson (1971), con posterioridad, reformuló y amplió las teorías de Freud que trataban de explicar el desarrollo social. Este autor matizó a Freud, según Erickson el paso de una etapa a otra lo marca la superación de una "crisis de desarrollo".

El desarrollo cognitivo trata de vincular la evolución de la sociabilidad a las, anteriormente referidas, etapas evolutivas del ser humano. Wallon (1987), como Freud, concreta una serie de etapas que el niño deberá completar hasta llegar a ser un sujeto autónomo capaz de relacionarse con los demás de forma equilibrada. Estas etapas de desarrollo social son:

- *Etapa emocional.* En ella no se distinguen las emociones provocadas por las personas o los agentes físicos. Transcurre hasta que se completa la asimilación del entorno, alrededor del primer año de vida.

- *El juego (2 - 8 años)* es la primera muestra de integración social, mediante él se asume la importancia de las normas y se comienza la adquisición de habilidades sociales. Pero antes de llegar al juego colaborativo se produce un tipo de juego individual, en el que no hay interacción social (sociabilidad egocéntrica) que se extiende hasta la entrada en la escuela.

- *El yo polivalente (8 - 9 años).* Hace referencia a la asunción de múltiples roles (alumno, hijo, amigo...) determinados por el contexto. En esta etapa las reglas de los juegos darán pie a las de convivencia.

- *La Integración (a partir de los 10 años)* está marcada por la estabilidad en las relaciones sociales y la consolidación de la cultura, las normas sociales, etc. Por ello será muy importante la influencia educativa de la escuela y la familia.

Capítulo 8

ACTIVIDADES LÚDICO-MOTRICES PARA EL DESARROLLO PSICOMOTOR DEL ALUMNADO

1. PERCEPCIÓN CORPORAL

1.1. Conceptualización

La percepción corporal es una estructura cognitiva que permite reconocer al cuerpo en cualquier situación. A partir de ello se podrán establecer las relaciones con el medio. La percepción corporal se compone de:

- *Esquema corporal*. Representa la percepción del nivel físico o corporeidad.

- *Imagen corporal*. Es la concepción subjetiva del propio cuerpo, que va a estar muy condicionada por el "Esquema corporal", sobre el que profundizaremos en lo que sigue.

El *Esquema corporal* es la representación mental del propio cuerpo, de sus segmentos, de sus posibilidades de movimiento y de sus limitaciones espaciales (Martínez y Núñez. En Linares, 1989). Ajuriaguerra (1978) distingue tres niveles en su desarrollo:

– Nivel de "cuerpo vivenciado" (hasta los tres años). El sujeto tiene conocimiento del cuerpo a través de la propia experiencia, que evoluciona así:

  1. En las primeras semanas no diferencia su cuerpo del materno.

  2. Hacia los cuatro meses comienza a explorar su cuerpo.

  3. Cuando aparece la capacidad de desplazamiento comienza a explorar el entorno, diferenciando su cuerpo de los objetos.

– Nivel de "cuerpo percibido" (de tres a siete años). El cuerpo se empieza a conocer a partir de su percepción (receptores interoceptivos y propioceptivos). Esto hace posible la adaptación del movimiento al entorno (espacio y tiempo).

— Nivel de "cuerpo representado" (de siete a doce años). El sujeto conoce su cuerpo a través de la interiorización de su imagen, posibilidades y limitaciones motrices. Esto le capacita para programar y anticipar las acciones en su pensamiento.

1.2. Actividades lúdico-motrices para su desarrollo

El *Esquema corporal* se conforma a partir de una serie de componentes, sobre los que habrá que dirigir las actividades encaminadas a promover su desarrollo. Castañer y Camerino (1991) identifican los siguientes:

a) *Actividad tónico-postural* (tono muscular, postura y equilibrio postural). Se trata de la actividad primera y condición previa de todo movimiento. Dentro de ella hay que diferenciar entre:

- *Tono muscular*, que es la función de los músculos estriados por la que mantienen un grado de tensión permanente.
- *Postura corporal*, que es la situación o modo en que está colocada una persona. Cuando se logra mantener una postura estable se habla de *equilibrio postural*.

El desarrollo de la *Actividad tónico-postural* puede iniciarse con juegos que impliquen el control del cuerpo en todas las posiciones, tanto en situaciones estáticas como dinámicas. Por ejemplo, los juegos de persecución y parada, como el "Stop-fruta". El siguiente nivel de la progresión son las actividades para la toma de conciencia de la postura correcta en las diferentes posiciones. Esto se puede asociar con la vivencia de la tonicidad en sus distintos tipos:

1. Tono de reposo: postura de cúbito.
2. Tono postural: posturas de bipedestación y sedestación.
3. Tono de acción: posturas pre-movimiento.

b) *Actitud* y *gestualidad*. Picq y Vayer (1977) definen la *actitud* como un "hábito postural que se instala progresivamente a lo largo del desarrollo psicobiológico". La manifestación más significativa de la *actitud* es el *gesto*.

Las relaciones entre *postura-actitud-gesto* se trabajan de forma eficaz a través del desarrollo de la capacidad expresiva del cuerpo. Para iniciar su desarrollo resultan adecuados los juegos expresivos (por ejemplo: el juego "Nos movemos como... plumas, elefantes, pirata patapalo, etc). A medida que el sujeto evoluciona es recomendable introducir técnicas expresivas más complejas, como el "mimo".

c) *Respiración*. Es un fenómeno reflejo que regula la presencia de O_2 y CO_2 en sangre. Es posible acceder a un control consciente y voluntario de su funcionamiento que permitirá "educar la respiración". Para ello, Vayer propone la siguiente progresión:

- Control de la espiración bucal y consciencia de la respiración nasal, mediante, por ejemplo, aprender a sonarse.
- Control de la espiración nasal y consciencia de la respiración abdominal.
- Dominio de la respiración en situaciones estáticas y dinámicas. Podemos utilizar juegos como la "carrera de globo a soplos".

d) *Relajación*. Es una distensión voluntaria del tono muscular a través de la cual se trata de incidir a nivel psíquico. En Educación Infantil y Primaria debe trabajarse principalmente de forma lúdica, con juegos como "El leñador" (el sujeto se coloca simulando con sus brazos las ramas de un árbol y cuando éstas son "cortadas" se relajan y caen. Posteriormente se "corta" el tronco). Zagalaz (2000) propone un trabajo sistematizado a partir de la Educación Secundaria, a través de métodos de relajación globales, como las propuestas Schultz o de Jacobson.

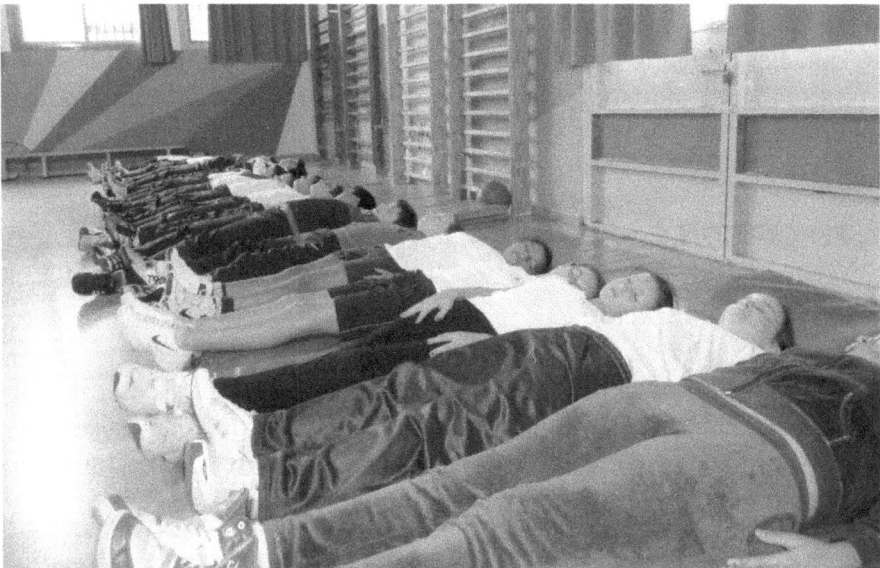

Clase de relajación

> *Audio para aplicar en clase el método de Jacobson en:*
> *www.hoyjugamosenclase.com*

e) *Lateralidad.* A los componentes identificados anteriormente, Picq y Vayer añaden la lateralidad, afirman que se trata de un componente fundamental para la estructuración del esquema corporal y es la base para una correcta estructuración espacial.

La lateralización es el proceso por el cual se desarrolla la lateralidad. Dicho proceso se estructura en las siguientes fases:

- *Fase de localización.* Hacia los cuatro años el sujeto comienza a mostrar preferencias en el uso del lado izquierdo o del derecho.

- *Fase de fijación y desarrollo.* Una vez localizado el lado dominante, el sujeto generaliza su uso a todas las tareas. Esta fase se prolonga hasta los siete u ocho años. Por ello, en primer ciclo de Educación Primaria se ha de afirmar la lateralidad. De acuerdo con Le Boulch, se pueden emplear:

    - Juegos y actividades de expresión libre.

    - Juegos de destreza, manipulación y de coordinación óculo-manual.

    - De forma especial: lanzamientos y desplazamientos con obstáculos.

- *Fase de maduración y ambidextrismo.* Entre los ocho y los diez años se desarrolla la destreza del lado dominante, mediante actividades que exijan un alto grado de precisión. Además, debe comenzar el desarrollo del lado no dominante, a través de *Habilidades Motrices Básicas.*

2. PERCEPCIÓN ESPACIAL

2.1. Conceptualización

El espacio es el lugar donde nos movemos y viene determinado por los estímulos que en él se producen (diferentes objetos y sucesos) y que debemos percibir. Este proceso de percepción se logra a través de la *Organización espacial.*

La *Organización espacial* es el resultado del conjunto de relaciones espaciales (*Topológicas, Proyectivas* y *Euclidianas*). La *Orientación espacial* (espacio perceptivo) y la *Estructuración espacial* (espacio representativo) constituyen los pilares que posibilitan al sujeto organizar sus movimientos en el espacio. A continuación se analizan:

- La *Orientación espacial* es la percepción del espacio en dos dimensiones, teniendo como referencia el propio cuerpo. Capacita al individuo para colocarse en relación a otros y a objetos; también para colocar éstos en relación a su cuerpo. Se basa en las relaciones *Topológicas*, que serán de:

    - Vecindad y separación. Nociones: junto-separado, cerca-lejos...
    - Orden y sucesión espacial. Nociones: delante-detrás, arriba-abajo, izquierda-derecha.
    - Envolvimiento. Nociones de dentro-fuera.

- La *Estructuración espacial* es la percepción del espacio en tres dimensiones, tomando referencias ajenas al propio cuerpo. Se basa en las relaciones *Proyectivas* y *Euclidianas*.

    - *Proyectivas*: capacidad de situar objetos o sujetos en el espacio en relación a otros y dentro de una perspectiva dada. Nociones: profundidad, constancia de forma y tamaño de objeto.
    - *Euclidianas*: capacidad de coordinar elementos entre sí en relación a un sistema de referencias. Exigen el principio de conservación de dimensiones, distancias y superficies: medidas de longitud, superficie y volumen.

Descarga juego de pistas en:
www.hoyjugamosenclase.com

2.2. Actividades lúdico-motrices para su desarrollo

Las actividades que se recogen han sido recopiladas a partir de las propuestas de Conde (2001), Blández (2000), Arteaga (1999), Méndez (2004) y de la propia práctica docente.

a) Para el desarrollo de la *Orientación espacial*:

- La actividad más adecuada para alcanzar un desarrollo globalizado es el cuento motor. Por ejemplo: "Los niños de Busen" (Conde, 2001).

- El juego libre permite explorar y conocer el espacio. Por ello resulta especialmente adecuada la actividad en "Ambientes de aprendizaje", como propone Blández (2000).

- Además se puede utilizar el juego organizado. Algunos ejemplos son:

  - "Frío-caliente". El sujeto tiene que encontrar un objeto a partir de las indicaciones de otro en relación a la proximidad o lejanía con respecto a su cuerpo (nociones de vecindad y separación).
  - "Túnel móvil". En fila, el último deberá avanzar por debajo de las piernas de los demás hasta la primera posición (nociones de orden y sucesión).
  - "Casa, inquilino y terremoto". Por tríos, dos sujetos forman con sus brazos una "casa", entre ambos habrá un "inquilino". Deberán evolucionar, según la consigna dada (casa, inquilino o terremoto), tratando de conformar o integrarse en un trío (noción dentro-fuera).

Desarrollo del juego "Casa, inquilino y terremoto"

b) Para el desarrollo de la *Estructuración espacial* se propone el juego como estrategia metodológica. Por ejemplo:

- Juegos de ubicación espacial, La "fotografía". Hay que colocar a un grupo de acuerdo con la disposición de una fotografía dada (colocación de elementos en relación a otros).

- Juegos de persecución, pase y tiro, como el "balón perseguidor" (anticipar posiciones, direcciones, distancias y trayectorias en el espacio).

- Juegos de relación espacial, como: "Rally fotográfico", donde hay que localizar el lugar fotografiado (relación espacio real-referencia fotográfica); "Juegos de pistas con plano" (relación espacio real-referencia simbólica).

3. PERCEPCIÓN TEMPORAL

3.1. Conceptualización

El tiempo se percibe a partir de los hechos y cambios que se suceden. De ahí que Fraisse (1976) diferencie dos aspectos básicos en la percepción temporal.

- Aspecto cualitativo. Percepción de una organización, de un orden.
- Aspecto cuantitativo. Percepción de un intervalo de tiempo, de una duración.

A partir de ambos se construye la *Organización temporal*.

El tiempo está muy unido a la noción de espacio. Es por ello que su organización sigue las mismas etapas que en el caso de la percepción espacial: (a) elaboración en el plano perceptual y (b) elaboración en el plano representativo.

- *Orientación temporal*. Es la capacidad de situar nuestro cuerpo en relación a un concepto temporal de orden (antes, después...) y actuar en consecuencia.

- *Estructuración temporal*. Es la capacidad de percibir el tiempo consumido en una actividad motriz (noción de duración). Además implica tomar conciencia de la adecuación del movimiento al tiempo. Esto se manifiesta a través del ritmo.

El espacio y el tiempo forman un todo indisociable. La percepción temporal en la realización de una tarea motriz (por ejemplo en una danza) requiere una estructuración espacio-temporal.

3.2. Actividades lúdico-motrices para su desarrollo

Linares (1989) propone desarrollar la percepción temporal mediante actividades de expresión corporal. A continuación profundizamos en su propuesta planteando ejemplos concretos.

a) *Orientación temporal*. Se utilizará el juego como medio para la adquisición de las nociones básicas de orden: antes, durante, después, simultaneidad, sucesión... Por ejemplo, "el juego del reloj" (sobre un reloj analógico de cartulina, el sujeto representará qué hizo, hace o hará durante ese día en las horas señaladas. Los demás tendrán que adivinarlo).

b) *Estructuración temporal* y *espacio-temporal*. Se utilizarán actividades rítmicas, como:

- Expresión verbal: canciones motrices, rimas, retahílas...
- Juegos rítmicos: de saltos como comba ("colección", "la cadena del tren"...), de aceleración y deceleración rítmica, como "el plante centurión y rapidón" (hay que moverse a un ritmo rápido o lento según la consigna).
- Percusiones, reproducción de ritmos, juegos de palmadas por parejas: "calle 24".

Desacarga recursos para llevar a clase canciones motrices y juegos de palmadas en: www.hoyjugamosenclase.com

- Música: "Juego de las sillas musicales", danzas, bailes populares ("Malagueñas", "Sevillanas"), Aeróbic, etc...

Danza del mundo

Capítulo 9

ACTIVIDADES LÚDICO-MOTRICES PARA EL DESARROLLO DE LAS CAPACIDADES FÍSICAS COORDINATIVAS DEL ALUMNADO

1. COORDINACIÓN

1.1. Conceptualización

Todo movimiento corporal debe ajustarse a unos parámetros de intensidad, tiempo y espacio... Debe coordinarse. Según Le Boulch (1975), la coordinación es la interacción, el buen funcionamiento del sistema nervioso central y la musculatura esquelética. En definitiva, la coordinación es la encargada del control del movimiento.

Existen numerosas clasificaciones pero, según Zagalaz (2000), la más extendida y empleada es la propuesta por Le Boulch (1975), en función de las partes del cuerpo implicadas en el movimiento, distingue:

- *Coordinación dinámica general*: cuando el movimiento es global (están implicadas la mayoría de las regiones corporales) y con bajo contenido perceptivo.

- *Coordinación específica* o *segmentaria*: movimientos analíticos o sintéticos (están implicados grupos musculares segmentarios). Relaciona al sentido de la vista con los diferentes segmentos corporales. Por lo que conlleva un alto compromiso en los aspectos perceptivos. Según Zagalaz (2000), la mayoría de autores se dividen la coordinación específica en:

    - Óculo-manual: coordinación ojo-mano.
    - Óculo-pédica: coordinación ojo-pie.
    - Óculo-cefálica: coordinación ojo-cabeza.

- Coordinaciones disociadas: coordinación de los distintos segmentos corporales que actúan independientemente unos de otros.

Meinel y Schanabel (1987) afirman que la coordinación está condicionada por dos factores:

- La percepción corporal y el desarrollo de las capacidades perceptivo-motrices (aspecto cualitativo), que proporcionan la capacidad de organizar movimientos.

- Los factores de la ejecución: el desarrollo de las capacidades físico-motrices (aspecto cuantitativo del movimiento) y el equilibrio dinámico. Proporcionan la capacidad de ejecutar y readaptar los movimientos.

1.2. Actividades lúdico-motrices para su desarrollo

La coordinación se manifiesta y desarrolla a través de la práctica de habilidades. Seguidamente se analizan las más adecuadas para cada tipo de coordinación.

a) Coordinación dinámica general. Se desarrolla a través de tareas que impliquen movimientos de estructura global, en los que participan la mayor parte de los segmentos corporales (aspectos cuantitativos del movimiento).

Entre los seis y ocho años su desarrollo debe asociarse a la de las *Habilidades Motrices Básicas* (Sánchez Bañuelos, 2003). En concreto:

- Desplazamientos, marcha, carrera, trepa, cuadrupedia, reptaciones, deslizamientos, etc. Se podrán crear progresiones para el aprendizaje actuando sobre:
  - La puesta en acción.
  - Velocidad de ejecución.
  - Cambios de dirección.
  - Distancia recorrida.
  - Paradas.
  - Superficie de desplazamiento.
  - Aspectos particulares de cada tipo de desplazamiento.
- Saltos, actuando sobre las siguientes variables:
  - Fase previa: con o sin carrera.
  - Impulso con una pierna, dos u otras partes.

- Vuelo: dirección (altura y profundidad) y tiempo de suspensión.
- Caída: con continuidad de acción o sin ella.

• Giros, actuando sobre las siguientes variables:

- Posición inicial: vertical, horizontal, inclinada...
- Tipo de apoyo, en contacto con el suelo, suspensión...
- Dirección del giro: adelante, atrás o lateral.
- Eje de giro: anteroposterior, vertical, transversal (o combinación de dos ejes)

Entre los ocho y los diez años su desarrollo deberá relacionarse con las *Habilidades Genéricas*. Principalmente con aquellas que aparecen como evolución de los desplazamientos (conducción y finta) o que están acompañadas de desplazamientos, saltos y giros.

A partir de los diez años, las *Habilidades Específicas* resultan un medio adecuado para el desarrollo de la coordinación en situaciones más complejas.

b) *Coordinación específica.* Se desarrolla a través de tareas que impliquen movimientos de estructura sintética y analítica, en los que se exigen un alto grado de precisión y control (aspectos cualitativos).

Entre los seis y ocho años su desarrollo debe asociarse al de las *Habilidades Motrices Básicas* (Sánchez Bañuelos, 2003). En concreto:

• Lanzamientos: Se podrán crear progresiones para el aprendizaje actuando sobre: trayectoria, velocidad, distancia y precisión. También se deberán alternar lanzamientos con distintas partes del cuerpo (mano, pie, cabeza).

• Recepciones de distintos objetos. Actuando sobre las siguientes variables:

- Contacto con el objeto con distintas superficies corporales.
- Amortiguación, dejando el móvil estático o en movimiento.
- Preparación para acciones siguientes: colocación en la extremidad deseada o a una distancia óptima.

Entre los ocho y los diez años su desarrollo deberá relacionarse con las *Habilidades Genéricas*. Principalmente con aquellas que aparecen como evolución de lanzamientos y recepciones (bote, pase, golpeo, parada o interceptación).

A partir de los diez años, el desarrollo de la coordinación puede propiciarse por medio de las *Habilidades Específicas*.

1.3. Propuesta didáctica globalizada para cada Etapa

A continuación, se plantea una propuesta sobre cómo podrían integrase las actividades en unidades didácticas para el desarrollo de la coordinación en Educación Infantil, Primaria y Secundaria.

Para Educación Infantil, proponemos una actividad lúdico motriz en la que se integran cuentos motores y técnicas de papiroflexia (para la creación de personajes y objetos). Por ejemplo, "El cuento de la rana mensajera":

PAPIROFLEXIA (coordinación específica)	ACCIONES DEL CUENTO (*coordinación dinámica general* y *coordinación específica*)
Crear los personajes: • Rana. • Gorro- lluvia. • Avión.	1. La rana ha sido elegida por el resto de los animales para llevar un mensaje al ser humano. 2. Deben correr muy deprisa (...) 3. "Ahora tienen que saltar unos troncos, vamos a ayudarles (...)" 4. "El buzón del ser humano está muy alto, vamos a hacer un avión y lo lanzamos con el mensaje escrito" 5. "¿Queréis saber que dice el mensaje? Dad tres vueltas y os lo diré:" ¡RESPETA LA NATURALEZA! 6. Lanzadlo lo más lejos posible (o al buzón, aro)

Para Educación Primaria, Blández (2000) propone desarrollar la coordinación mediante dos ambientes de aprendizaje que inciten al juego libre.

- *Coordinación dinámica general*: Ambiente de carreras y saltos (en: unidad didáctica "Saltamos juntas/os), donde se propicia:

a) Carrera y salto vertical. Colocando objetos a una altura que exija saltar para alcanzarlos.

b) Carrera y salto horizontal: colocando colchonetas distanciadas, minitrampas, indicando zonas de caída, etc.

c) Carrera y salto de obstáculos: marcando un recorrido y disponiendo obstáculos (picas, ladrillos de psicomotricidad, gomas elásticas entre bancos suecos...).

- *Coordinación Específica*: ambiente de construcción de estructuras (unidad didáctica "Somos arquitectas/os), donde se propicia la construcción de estructuras para el posterior juego libre mediante:

a) Materiales específicos del área de Educación Física.

b) Materiales no específicos del área de Educación Física.

Para Educación Secundaria, Invernó (2003) integra coordinación y equilibrio mediante las actividades circenses (unidad didáctica "Montamos un circo"). Con respecto a la coordinación, propone actividades de malabarismos con: bolas, diábolos, bastón de diábolo y anillas. Así desarrolla:

- *Coordinación específica*: auto-construcción e iniciación a técnicas malabares (de forma analítica).

- *Coordinación dinámica general*: juegos malabares y malabares cooperativos.

Encuentra recursos para malabares:
www.hoyjugamosenclase.com

2. EQUILIBRIO

2.1. Conceptualización

Cada vez que se realiza un movimiento se produce una variación de las fuerzas internas que se aplican sobre el cuerpo e inmediatamente le sigue otro movimiento compensatorio e inconsciente con la finalidad de mantener la estabilidad. Para Mosston (1993) , el quilibrio es la capacidad de asumir o sostener cualquier parte del cuerpo contra la Ley de la gravedad.

El equilibrio se clasifica en relación al movimiento en:

- *Equilibro estático*. Es la capacidad de mantener una postura adecuada (normalmente erguida en posición de pie) sin desplazarse.

- *Equilibrio dinámico*. Es la capacidad de mantener una postura correcta, según la actividad a realizar (remo, ciclismo, carrera, etc.) cuando se está en desplazamiento.

Algunos autores distinguen una tercera clase de equilibrio, que denominan "de transición", por estar referido al tránsito de una posición dinámica a otra estática, o viceversa. Surge el "equilibrio postmovimiento", que se adapta después de realizar un movimiento.

Mosston afirma que el equilibrio está condicionado por dos tipos de factores:

- Propios del sujeto: biomecánicos, psicológicos, experiencia... Siendo los sensoriales los más determinantes:
    - Órganos de visión. Proporcionan un punto de referencia fija que ayuda a mantener el equilibrio.
    - Órganos propioceptivos. Nos informan de aspectos internos del cuerpo en relación al movimiento. Se clasifican en órganos cinestésicos (husos musculares, corpúsculos de Pacini y órganos tendinosos de Golgi) y órganos del oído (canales semicirculares y aparato vestibular).
- Propios del medio: base de sustentación, fuerzas externas, altura del centro de gravedad, etc.

2.2. Actividades lúdico-motrices para su desarrollo

El equilibrio se desarrolla mediante la práctica de tareas que pongan en juego los factores que inciden sobre esta capacidad comprometiendo la estabilidad. A continuación se analizan las actividades para el desarrollo de cada tipo de equilibrio.

Análisis de las actividades para su desarrollo:

a) *Equilibrio estático*. Se desarrolla actuando sobre factores del medio:
    - La movilidad de la base de sustentación compromete la estabilidad.
    - Los planos inclinados provocan la pérdida de estabilidad.

- Cuanto mayor sea la base, más equilibrada será la postura, y viceversa.
- Cuanto más alto esté el centro de gravedad con respecto a la base, más inestable es la postura, y viceversa.
- La proyección del centro de gravedad fuera de la base también origina posturas inestables.
- Aplicando fuerzas externas a través de situaciones lúdicas que impliquen la interacción física con un implemento o sujeto.

Además se puede actuar sobre los factores sensoriales (exteroceptivos) mediante la privación de la visión.

b) *Equilibrio dinámico*. Las variables a manipular serán las mismas que en el caso anterior. Sumando a éstas las propias de desplazamientos, saltos y giros.

c) *Equilibrio postmovimiento*. Se desarrolla a partir de actividades de desplazamientos, saltos y giros. Introduciendo paradas e inmovilizaciones súbitas. Se pueden utilizar juegos como: "pollito inglés" o "pies quietos".

d) *Equilibrio sobre objetos*. Para su desarrollo, las actividades han de diseñarse sobre implementos. Los más comunes son los zancos y elevadores reciclados (latas). Aunque en actividades extraescolares y complementarias se puede contar con esquís, bicicleta, piragua o patines.

Descubre cómo introducir los patines:
www.hoyjugamosenclase.com

e) *Equilibrio portando objetos*. A las variables indicadas hasta ahora se le añade otra: el objeto a portar (forma, tamaño, peso...) Las actividades más comunes son: llevar una pica (en posición vertical) sobre la palma de la mano, mantener una pelota sobre la cabeza o sobre una raqueta mientras se desplaza, etc.

Carrera de relevos manteniendo el equilibrio de una pelota sobre la raqueta

2.3. Propuesta didáctica globalizada para cada Etapa

Al igual que se hizo con la coordinación, en lo que sigue se recoge, a modo de ejemplo, una propuesta didáctica para el desarrollo del
equilibrio en cada etapa educativa, tomando como referencia el análisis
de las actividades anteriormente expuesto.

- Para Educación Infantil. Proponemos asociar el equilibro a juegos
  sensoriales. En concreto se vincula su desarrollo a juegos en los que
  planteen situaciones de privación de la visión. Como "gallinita ciega",
  "tren ciego", "apretón de manos", "buscar mi zapato", "dibujantes en
  espalda", "frío-caliente", etc.

- Para Educación Primaria. Blández (2000) propone en la unidad didáctica "Nos movemos como gigantes", desarrollar el equilibrio a partir
  de la libre exploración de zancos primero; y patines, después. En un
  ambiente de aprendizaje configurado por espacios como:
    - Caminos elevados:
        Bancos suecos (en posición normal e invertida).
        Barras suspendidas entre dos bancos suecos.
        Uso de espalderas.
    - Caminos inestables (para zancos y elevadores):
        Colchonetas blandas sobre balones medicinales.

        Camino de neumáticos.

        Camino de tubos cilíndricos fijados.

        Hemis apoyados sobre el suelo por su cara plana.

- Implementos móviles:

        Se realizarán circuitos con sentidos de circulación, señales verticales, rampas...

        Monopatín, patinete.

        Cabeza de plinto sobre un tubo.

- Combinación de los anteriores.

- Para Educación Secundaria. Inverno (2003), en la unidad didáctica "Montamos un circo", plantea desarrollar el equilibrio usando como medio las actividades circenses. En concreto:

  - Las acrobacias cooperativas (figuras de acrogimnasia), progresando desde figuras con dos personas hasta figuras de doce personas.

  - El manejo del "rulo americano". Se trata de un implemento móvil auto-construido. Su estructura tiene una superficie plana y rígida (sobre la que se sitúa el sujeto), que descansa sobre un tubo cilíndrico de PVC que entra en contacto con el suelo.

Capítulo 10

ACTIVIDADES LÚDICO-MOTRICES PARA EL DESARROLLO DE LAS CAPACIDADES FÍSICAS BÁSICAS DEL ALUMNADO

1. FLEXIBILIDAD

1.1 Conceptualización

Es el máximo grado de amplitud de movimiento permitido por una articulación, en función de su estructura y limitado por el aparato de conjunción y tensión de los músculos antagonistas (Katveev, 1983). Tiene, por tanto, dos componentes:

- La movilidad articular: se refiere a la amplitud del rango de movimiento que puede describir una articulación determinada.

- La elasticidad muscular: es una de las propiedades del tejido muscular que permite a los diferentes músculos elongarse hasta cierto punto y recuperar su tamaño original.

La flexibilidad se puede clasificar según diferentes criterios. En relación con la existencia de movimiento, es posible distinguir:

- *Dinámica*: la flexibilidad se solicita mediante el desplazamiento del sujeto o de alguno de los segmentos corporales. Pueden ser movimientos activos o pasivos.

- *Estática*: se solicita después de haber realizado un movimiento, al mantener la posición alcanzada.

1.2. Factores que influyen en su desarrollo

Corpas (1994) establece dos categorías tomando como criterio el origen de los factores:

a) Factores endógenos.

- Congénitos.
- Características de la formación ósea.
- Aparato cápsula-ligamentoso de la articulación. Su constitución conjuntiva determina su extensibilidad.
- El tono muscular. La hipertonía impide la realización del movimiento en toda su amplitud.
- Edad. Cuanto mayor es la edad, menor el grado de flexibilidad y viceversa.
- Sexo. Las mujeres tienen más flexibilidad debido a su menor desarrollo muscular con respecto a los hombres.
- Estado emocional. Puede originar un estado de excesiva rigidez corporal, limitando la flexibilidad en un momento dado.

b) Factores exógenos.

- Clima y temperatura. Con el calor, el músculo aumenta su capacidad de elongación, aunque hay que contemplar el calentamiento, además del clima, como responsable de la temperatura del músculo.
- Hora del día. La elasticidad muscular es menor por la mañana, aumentando progresivamente a lo largo de la jornada para disminuir hacia el final del día.
- Trabajo habitual. Con un programa adecuado y periódico de ejercicios se logran mejores niveles de movilidad.

1.3. Evolución y tratamiento lúdico

La flexibilidad es la única capacidad física que involuciona a medida que se produce el desarrollo motor. El ritmo de regresión es constante hasta la pubertad, cuando la eclosión hormonal y el incremento del ritmo de crecimiento hacen que se acelere la pérdida de flexibilidad.

El tratamiento a través de actividades lúdico-motrices debe orientarse a procurar que la pérdida de flexibilidad sea la menor posible. Para ello, Martín Llaudes (1995) recomienda estiramientos, activos libres y fomentar la libertad de movimientos, considerando que:

- No es aconsejable el empleo de "rebotes" como técnica de movilidad.
- No se debe forzar la articulación hasta el punto en que se manifieste dolor.

- La articulación debe movilizarse en sus ejes normales, respetando la simetría corporal y siguiendo un orden lógico.

2. VELOCIDAD

2.1 Conceptualización

La velocidad es la capacidad de realizar un movimiento en el menor tiempo posible, o la de reaccionar ante un estímulo lo más rápido posible. Manno (1994) afirma que surge fruto de la combinación de las demás capacidades físicas y que constituye el objetivo a conseguir en el gesto.

A partir de su concepto se pueden considerar tres manifestaciones de velocidad, aunque en su aplicación práctica es difícil separarlos (Gröser, 1992):

- *Velocidad de reacción*: capacidad de reaccionar en el menor tiempo a un estímulo. Se compone de:

  a) *Tiempo de reacción*, desde que aparece el estímulo hasta que se inicia la repuesta motora. Y puede ser "simple" o "de elección" (según si se conoce o no el estímulo y la respuesta).

  b) *Tiempo de movimiento* u ocupado en la repuesta motora.

- *Velocidad de desplazamiento*: capacidad de realizar movimientos acíclicos (movimientos únicos) a velocidad máxima frente a resistencias bajas.

- *Velocidad gestual*: capacidad de realizar movimientos cíclicos (movimientos iguales que se van repitiendo) a velocidad máxima frente a resistencias bajas.

2.2. Factores que influyen en su desarrollo

- Velocidad de transmisión del estímulo, que a su vez depende del grosor de las fibras y de su mielinización.

- Características del estímulo. Se ha demostrado que se reacciona más rápidamente ante los estímulos sonoros que ante los táctiles o visuales.

- Tipo de fibras musculares: las blancas se contraen más rápido que las rojas.

- Tono muscular. Los sujetos hipertónicos, en general, suelen ser más veloces que los hipotónicos.

- Entrenamiento de la fuerza y potencia: ejerce una transferencia positiva hacia la velocidad.

- Entrenamiento de la flexibilidad: ejerce una transferencia positiva hacia la velocidad.

- Dominio técnico. Cuanto mayor sea el aprendizaje del gesto con mayor velocidad se ejecutará.

- Motivación. Aumenta la activación nerviosa y, con ella, la frecuencia de estímulo.

2.3. Evolución y tratamiento lúdico

Durante la infancia, la evolución de la velocidad es paralela al desarrollo motor. Entre los ocho y once años, los niveles de coordinación en el individuo son buenos. Por ello, Martín Llaudes (1995) identifica en estas edades un periodo sensible para el trabajo de la velocidad de reacción y gestual. Se utilizará, en todo caso, una metodología basada en juegos.

Con la pubertad se produce un desajuste del esquema corporal (ante la dificultad para asimilar las nuevas proporciones adquiridas por los segmentos corporales en tan corto periodo), lo que conlleva una pérdida de coordinación. Sin embargo, la velocidad máxima aumenta en el sujeto gracias al incremento de la fuerza. Desde el punto de vista educativo, debe mantenerse el trabajo de la velocidad gestual y de reacción para recuperar los niveles de coordinación perdidos. Además se pueden introducir juegos para el desarrollo de la velocidad de desplazamiento. Se tendrá en cuenta que:

- La densidad de la carga debe permitir la recuperación del sujeto entre juego y juego. Suele ser suficiente con tres minutos de pausa (que pueden aprovecharse para organizar la siguiente actividad), aunque este valor depende de la intensidad que haya adquirido el juego.

- El volumen de trabajo debe ser bajo (distancias cortas o poco tiempo), mientras que la intensidad será alta (movimientos a la máxima velocidad).

3. FUERZA

3.1. Conceptualización

La fuerza es la tensión que desarrolla un músculo frente a una resistencia. Bompa (1993) la define como la capacidad neuromuscular de superar resistencias internas o externas, gracias a la contracción muscular, estática o dinámica.

En función de la resistencia a vencer y la velocidad desarrollada, la fuerza puede ser:

- Fuerza máxima: capacidad de realizar una contracción al máximo de las posibilidades del sujeto (vencer una resistencia máxima).

- Fuerza velocidad: capacidad de vencer una resistencia a la máxima velocidad. Según la magnitud de la carga se podrá diferenciar entre:
   - Potencia: cargas submáximas.
   - Fuerza explosiva: cargas livianas.

- Fuerza resistencia: capacidad metabólico-muscular para desarrollar un trabajo de fuerza y mantenerlo a lo largo del tiempo, sin que aparezca la fatiga.

3.2. Factores que influyen en su desarrollo

Pueden clasificarse en cuatro categorías:

a) Factores morfológicos:
- Nivel de hipertrofia: dimensión de la sección transversal del músculo.
- Estructura del músculo: tipo de fibras (de contracción rápida o lenta), longitud inicial del músculo y ángulo de tracción de las fibras sobre el tendón.

b) Factores nerviosos:
- Coordinación intramuscular e intermuscular.

c) Factores ligados al estiramiento:
- Ciclo de acortamiento-estiramiento

d) *Otros factores:* complexión corporal, motivación, temperatura del músculo, sexo y edad.

3.3. Evolución y tratamiento lúdico

Durante la infancia, la fuerza evoluciona de forma paralela al crecimiento y maduración. Las estructuras del sujeto no están preparadas para soportar grandes cargas de trabajo. Por ello se desarrollará (en Primaria) los tipos de fuerza que impliquen solo el trabajo con cargas livianas y autocargas, como la fuerza explosiva y la fuerza resistencia.

Con la pubertad se produce un gran desarrollo de la fuerza fruto de la hipertrofia muscular. Esto hace factible la introducción de cargas submáximas (en torno a los quince años) para desarrollar la potencia. Siendo éste un contenido adecuado para Educación Secundaria.

Para su desarrollo hay que considerar:

— Adecuar la intensidad y duración de la ejecución al tipo de fuerza que se pretende desarrollar.

— Trabajar de forma equilibrada todos los grupos musculares, sustituyendo los tradicionales ejercicios analíticos por tareas de tipo global y de carácter lúdico.

4. RESISTENCIA

4.1. Conceptualización

Hegedus (1973) la define como la capacidad psicobiológica del sistema deportista de aportar la energía necesaria para realizar un ejercicio, con la intensidad requerida, durante el mayor tiempo posible.

Hegedus propone dos criterios de clasificación:

a) Según la masa muscular implicada:
- Resistencia local: actúa una sexta parte menos del total.
- Resistencia total: actúa más de una sexta parte del total.

b) Según la vía energética solicitada:
- Resistencia anaeróbica aláctica (esfuerzos cortos y súbitos). La vía utilizada es la fosfogenolisis.

- Resistencia anaeróbica láctica (esfuerzos de entre 1'30" y 3'). La vía utilizada es la glucólisis anaeróbica, de cuyo proceso metabólico procede el ácido láctico que se acumula en el músculo.
- Resistencia aeróbica (esfuerzos prolongados). Las vías utilizadas son la glucólisis aeróbica, lipólisis y degradación de proteínas.

4.2. Factores que influyen en su desarrollo

- Sistema Nervisoso Central: capacidad de las células nerviosas de trabajar el mayor tiempo posible sin producir fatiga o, si se produce, sin rebajar la intensidad de la estimulación.

- Tipos de fibras. Las fibras rojas están más preparadas para esfuerzos aeróbicos. Mientras que las blancas son más adecuadas para esfuerzos anaeróbicos.

- Reservas de energía:
    - Fosfátenos: Adenosín Trifosfato (ATP) y fosfocreatina (PC), se utiliza por la fosfogenolisis para esfuerzos grandes y cortos.
    - Glucosa: se encuentra en forma de glucógeno muscular y glucógeno hepático, se utiliza por la glucólisis aeróbica (combustión completa en el ciclo de Krebs por la presencia de O_2) y anaeróbica (combustión incompleta que genera ácido láctico).
    - Grasas: se encuentran como ácidos grasos, se utilizan por la lipólisis para esfuerzos prolongados de poca intensidad.

- Cualidades volitivas. Capacidad psicológica del sujeto para luchar contra la fatiga.

- Actividad enzimática. Al ser las encargadas de producir reacciones en las células, su número influye en la cantidad de energía que se puede crear.

- Parámetros cardiovasculares y respiratorios. Están relacionados con la capacidad de intercambio y transporte de gases.

4.3. Evolución y tratamiento lúdico

En la infancia, el corazón está en proceso de desarrollo, siendo su capacidad volumétrica y dimensiones sensiblemente inferiores a los valores que alcanzará cuando complete su desarrollo. Es, por tanto, un corazón pequeño que no está preparado para esfuerzos anaeróbicos. Por ello, hasta los once años se debe trabajar exclusivamente la capacidad aeróbica. A partir de los once años se podrá comenzar el desarrollo de la potencia aeróbica.

Con la pubertad se produce un estancamiento de la resistencia. A pesar de que el corazón acelera su crecimiento, su tamaño será menor desde el punto de vista proporcional en relación al peso. La capacidad anaeróbica no deberá trabajarse hasta el final de la etapa puberal.

El desarrollo de la resistencia en el contexto educativo debe iniciarse con un trabajo continuo, primero a intensidad constante y luego, variable. La progresión continuará con un trabajo fraccionado, primero interválico y después por repeticiones. En la etapa de Primaria se desarrollará un trabajo continuo. El fraccionado es más adecuado para la resistencia anaeróbica, que se podría iniciar en Educación Secundaria, de forma lúdica.

Encuentra juegos para desarrollar las capacidades físicas en:

www.hoyjugamosenclase.com

Capítulo 11

RECURSOS PARA ACTIVIDADES LÚDICO-MOTRICES

La Real Academia Española define el *recurso* como un "medio de cualquier clase que, en caso de necesidad, sirve para conseguir lo que se pretende". Delgado (2002) afirma que los *recursos didácticos* son artificios que se utilizan en un momento puntual para facilitar la enseñanza. Este autor plantea que cuando se habla de recurso no hay que pensar en un material concreto, un espacio, etc., sino en una "idea didáctica". Desde este punto de vista, cualquier elemento, en un momento determinado, se puede utilizar como recurso didáctico.

1. MATERIALES DIDÁCTICOS PARA ACTIVIDADES LÚDICO-MOTRICES

Los *materiales didácticos* son un tipo de recurso. Lagardera (en Sáenz-López, 2001) los define como el conjunto de aparatos y objetos necesarios para el desarrollo de actividades de enseñanza-aprendizaje.

A continuación se presenta una clasificación elaborada fruto de la aportación de diversos autores, tomando como marco de referencia las categorías generales que establece Blández (1998) siguiendo como criterio la procedencia de los materiales.

1.1. Material específico de Educación Física y Psicomotricidad

Son los propios del área de Educación Física. Tienen una gran tradición y, por tanto, forman parte de la dotación básica de cualquier centro educativo donde se imparte dicha área.

Sebastián (1992. En Fernández Truhán, 1997), basándose en la clasificación de Santos Berrocal, estructura el material específico en base a dos criterios básicos: la movilidad y su utilización:

- Según la movilidad pueden ser:

    - *Fijo*: material cuya ubicación es permanente y estable a lo largo de cierto tiempo. Por ejemplo: espalderas, canastas de baloncesto, porterías... Tienen que estar debidamente anclados para evitar accidentes.

    - *Móvil*: material que se puede cambiar de lugar fácilmente a lo largo de la sesión, como aros o picas.

    - *Mixto*: material cuya ubicación es permanente a lo largo de una sesión, y al finalizar se guarda (por ejemplo: postes de voleibol).

- Según la utilización puede ser:

    - *Material propio de una actividad*, pudiendo ser individual o colectivo, según se use por uno o más sujetos.

    - *Material impropio* o *no convencional de una actividad* (es posible diferenciar entre individual y colectivo).

De esta última categoría se extrae la idea de usar el matinal específico de forma no convencional, tal y como plantea Díaz (1994).

1.2. Material convencional utilizado de forma no habitual

Aquí las posibilidades de uso están abiertas a la imaginación del docente. A modo de ejemplo podemos citar la corriente de los "New Games" de Bernie Dekoven, que propone actividades como el fútbol con balones de rugby. De esta forma se acentúa el carácter recreativo de la actividad, ya que al modificar los materiales propios de un juego o deporte la competición carece de sentido.

Fútbol con balón de rugby

Descubre los New Games en:
www.hoyjugamosenclase.com

1.3. Material no específico de Educación Física y Psicomotricidad

Es el material que no ha sido creado con fines didácticos, pero que puede ser de utilidad para determinadas actividades. Dentro de esta categoría Blández (2002) distingue, a su vez, cuatro tipos distintos:

- Los *naturales*. Son elementos de la naturaleza susceptibles de ser utilizados en las actividades lúdico-motrices, como: troncos, ramas y juncos para construir un "refugio de fortuna".

- Los *reciclados*. Son objetos o materiales de desecho que se "rescatan" de la basura. Por ejemplo, con cajas de cartón, papel y calcetines viejos se puede montar un "teatro de guiñol" para expresión corporal.

- Los de *fabricación propia*. Son objetos que se construyen a partir de materiales de desecho o adquiriendo la materia prima en comercios. Por ejemplo, con varios tubos de PVC de fontanería se pueden hacer porterías de hockey.

- Los *comerciales*. Son objetos que se compran con una aplicabilidad directa. Por ejemplo, la cinta aislante de colores para delimitar el espacio de "fútbol-tenis".

Siempre que sea posible, es importante que el alumnado participe en la consecución de todos estos materiales no convencionales: trayéndolos de casa, buscándolos en comercios o elaborándolos ellos mismos. Con ello, según Blández (1998), se estimulará la conciencia ecológica, valorarán estos materiales y los utilizarán con más cuidado.

1.4. Otros materiales

Fernández Truan (1997), al clasificar los materiales utilizados para la actividad lúdico-motriz, añade una categoría no contemplada por Blández. Se trata de los "materiales didácticos generales", nomenclatura que abarca recursos cuyo uso está más extendido en otras áreas diferentes a la Educación Física. Entre estos recursos están:

- Material *impreso*: libros, fichas...
- Material *usual fijo*: dividido a su vez en:

  No proyectable: pizarra, murales...
  Proyectable: diapositivas, transparencias...

- Material *auditivo*: música para bailes, aeróbic...
- Material *audiovisual*: películas, documentales, publicidad...
- Material *informatizado*: software, bases de datos, páginas Web...

De todos estos, Posada (2000) resalta la importancia de los medios audiovisuales para la actividad lúdico motriz, reconociendo su utilidad para la enseñanza de ciertos contenidos y para la educación en valores a través del desarrollo de una actitud crítica frente a la publicidad, los espectáculos deportivos de masas y los prejuicios del deporte (como los sexistas).

1.5. Características para su utilización en el contexto educativo

La definición de las características del material tiene como finalidad la optimización de este tipo de recurso. Por ello, la selección que se propone ha sido elaborada a partir de los criterios de selección y optimización propuestos por Rivadeneyra (2004), distribuyendo las características en cuatro dimensiones: *didáctica, gestión, formal* y *comercial*.

Con respecto a su aplicación didáctica:

- El material debe ser polivalente, siendo más interesante un material genérico y utilizable en diferentes actividades que el específico de un deporte concreto.

- El material debería poder adaptarse a diferentes niveles evolutivos. Si no fuera posible, se buscará un material adaptado al grupo que lo va a usar.

Con respecto a su gestión por parte del docente:

- El material debe ser manejable. El material pesado se preferirá desmontable y móvil, siempre que esto no le reste estabilidad y seguridad.

- Su mantenimiento debe poderlo hacer el docente.

- Debe ser un material del que no haya existencias previas en el almacén del centro.

Con respecto a las características formales:

- El material debe ser seguro para el alumnado. Habrá que revisar: aristas peligrosas, estabilidad y anclaje, contundencia, etc.

- La estética tiene que se agradable, ya que esto redunda en el incremento de la motivación.

Con respecto a las características comerciales (en el caso de material comprado):

- Tiene que existir una adecuada relación calidad-precio, siendo muy importante la calidad ya que, de lo contrario, tendrá que sustituirse con asiduidad.

- Es conveniente que tenga un servicio post-venta, que proporcione un plazo de garantía o solvente posibles dudas sobre su manejo.

2. ESPACIOS E INSTALACIONES PARA ACTIVIDADES LÚDICO-MOTRICES

El término espacio hace referencia a cualquier lugar donde se pueda llevar a cabo el proceso de enseñanza-aprendizaje o tareas de apoyo a éste. La instalación es un tipo de espacio especialmente diseñado y construido para la práctica de actividad físico-deportiva y educativa.

Es posible clasificar los espacios e instalaciones en función de su pertenencia o no al centro educativo.

- Espacios e instalaciones ajenas al centro educativo.

Los espacios naturales ofrecen grandes posibilidades lúdicas

- Instalaciones del centro, no asignadas a ningún área en particular, como la biblioteca o el aula de informática.

- Instalaciones específicas del área de Educación Física, como las pistas polideportivas.

Las características esenciales de ambas son objeto de una regulación normativa. Desde la perspectiva de la actividad lúdico-motriz, cabe destacar lo siguiente:

- Los centros educativos deben contar como mínimo, entre otras cosas con:

- Un patio de recreo de al menos, 3 metros cuadrados por pues- to escolar y que, como mínimo, tendrá una superficie de 44x22 metros, susceptible de ser utilizado como pista polideportiva.

- Un espacio cubierto para Educación Física y Psicomotricidad, que tendrá una superficie de 200 metros cuadrados. Esta sala incluirá espacios para vestuarios, duchas y almacén.

- Las leyes de Integración social garantizan que las personas con mi- nusvalía accedan a la educación en igualdad de condiciones que el resto. Una consecuencia de estas disposiciones es la eliminación de las barreras arquitectónicas en los colegios e institutos.

3. OTROS RECURSOS PARA ACTIVIDADES LÚDICO-MOTRICES

Otro recurso indispensable viene dado por el factor humano. Además del docente que imparte la clase hay que considerar también a otros profesores, familiares e incluso al personal laboral. En definitiva cabe señalar tres niveles de intervención.

- Intervención directa y permanente, ejercida por el docente en- cargado del desarrollo del currículum.

- Intervención directa y opcional, ejercida por otros docentes que participan en la enseñanza de manera puntual, por ejem- plo en actividades complementarias.

- Intervención indirecta pero condicionante, ejercida por el resto de agentes educativos que no inciden directamente sobre la intervención didáctica pero sí sobre el alumnado.

Tampoco debería olvidarse los recursos funcionales. Chavarría (1993) los define como aquellos que garantizan de manera conjunta la armonización de los recursos materiales y los recursos humanos, es de- cir, su función reside en la organización y gestión de los otros recursos. Desde esta perspectiva, los recursos más importantes son el Proyecto Educativo del centro y las programaciones.

Puedes ver un Proyecto Educativo y una programación en:
www.hoyjugamosenclase.com

BIBLIOGRAFÍA

- Ajurlaguerra, J. (1978): *Manual de psiquiatría infantil.* Científico-médica. Barcelona.
- Arteaga, M. y otros (1999): *Desarrollo de la expresividad corporal.* INDE. Barcelona.
- Blanco, A. y Escamilla, A. (2004): "Glosario de términos educativos de uso más frecuente". En: *http://www.profes.net/varios/glosario/principal.htm*
- Blández Ángel, J. (1998): *La utilización del material y del espacio en Educación Física.* INDE. Zaragoza.
- Blández Ángel, J. (2000): *Programación de unidades didácticas según ambientes de aprendizaje.* INDE. Barcelona.
- Blázquez Sánchez, D. (1990): *Evaluar en Educación Física.* INDE. Barcelona.
- Blázquez Sánchez, D. (1993): "Orientaciones para la evaluación de la Educación Física en la enseñanza primaria". En: AA.VV. *Fundamentos de la Educación Física para enseñanza primaria.* INDE. Barcelona.
- Bompa, T. O. (1993): *Theory and methodology of training. The key to athletic performance.* Kendall Hunt Publishing Company. Iowa.
- Cagigal, J. M. (1981): *¡Oh deporte! Anatomía de un gigante.* Miñón. Valladolid.
- Castañer, M. y Camerino, O. (1991): *La Educación Física en la enseñanza primaria.* INDE. Barcelona.
- Chavarría, X. (1993): *La Educación Física en la enseñanza primaria: del diseño curricular base a la programación de las clases.* Paidotribo. Barcelona.
- Coll, C. (1987): *Psicología y currículum.* Laia. Barcelona.
- Conde Caveda, J. L. (2001): *Cuentos motores.* Paidotribo. Barcelona.
- Corpas Rivera, F. J. (1994): *Educación Física en la enseñanza primaria.* Aljibe. Málaga
- DeKoven, B. (2004): *Junkyard Sport.* Human Kinetics. Illinois.
- Delgado Noguera, M. A. (1991): *Los Estilos de Enseñanza en Educación Física.* ICE. Granada.
- Delgado Noguera, M. A. y Sicilia Camacho, A. (2002): *Educación Física y Estilos de Enseñanza.* INDE. Zaragoza.
- Díaz Lucea, J. (1994): *El currículum de la Educación Física en la reforma educativa.* INDE. Zaragoza.
- Díaz Lucea, J. (2005): *La evaluación formativa como instrumento de aprendizaje en Educación Física.* Inde. Barcelona.
- Famose, J.P. (1992): *Aprendizaje motor y dificultad de la tarea.* Paidotribo. Barcelona.
- Fernández García, E. (2003): "Diseño de unidades de enseñanza en Educación Física". En: Sánchez Bañuelos, F. (Coord.): *Didáctica de la Educación Física.* Prentice Hall. Madrid.
- Fernández Truhán, J. y otros (1997): *Los materiales didácticos de Educación Física.* Wanceulen. Sevilla.

- Fraise, P. (1976): *Psicología del ritmo*. Morata. Madrid.
- Gagné, R. (1970): *Las condiciones del aprendizaje*. Aguilar. Madrid.
- Grosser, M. (1992): *Entrenamiento de la velocidad. Fundamentos, métodos y programas*. Martínez Roca. Barcelona.
- Hegedus, J. (1973): *Teoría general y especial de entrenamiento*. Stadium. Buenos Aires.
- Huizinga, J. (1972): *Homo ludens*. Alianza. Madrid.
- Invernó, J. (2003): *Circo y Educación Física*. INDE. Barcelona.
- Lavega, P. (2000): *Juegos y deportes populares y tradicionales*. INDE. Barcelona.
- Lawther, J. (1983): *Aprendizaje de las habilidades motrices*. Ed: Paidos. Buenos Aires.
- Le Boulch, J. (1975): *La educación por el movimiento en la edad escolar*. Paidós. Buenos Aires.
- Linares, P. (1989): *Expresión corporal y desarrollo psicomotor*. Unisport. Málaga.
- Linares, P. (1993): *Fundamentos psicoevolutivos de la Educación Física Especial.* Universidad de Granada.
- López Pastor, V. (Coord.) (2001): "La sesión en Educación Física: los diferentes modelos y planteamientos educativos que subyacen". Revista Efdeportes.com, nº 43.
- López Pastor, V. y otros (2004): *La atención a la diversidad en Educación Física*. Wanceulen. Sevilla.
- López Sánchez, J. M. (2000): "Educación Física de base I". En: Zagalaz Sánchez, Mª. L. y Crespo González, M. (Coord.): *Educación Física y su didáctica*. Jabalcuz. Jaén.
- López Serra, F. (1994): *Desarrollo motor, en La Educación Física y su didáctica*. I.C.C.E. Madrid.
- Luque Parra, D. (2002): *Trastornos del desarrollo y adaptación curricular*. Aljibe. Málaga.
- Manno, R. (1994): *Fundamentos del entrenamiento deportivo*. Paidotribo. Barcelona.
- Martín Llaudes, N. (1995): *Sistemática del ejercicio: concepto y contextos*. FCAFD. Granada.
- Meinel, K. y Schnabel, G. (1988): *Teoría del movimiento. Motricidad deportiva*. Editorial Stadium. Buenos Aires.
- Mosston, M. (1993): *La enseñanza de la Educación Física*. Paidós. Barcelona.
- Navarro Adelantado, V. (2002): *El afán de jugar. Teoría y práctica de los juegos motores*. INDE. Barcelona.
- Papalia, D. E. y Wendkos, S. (1997): *Desarrollo humano*. Mc Graw Hill. México.
- Parlebas, P. (1987): *Perspectivas para una Educación Física moderna*. Unisport. Málaga.
- Piaget, J. (1969): *Psicología y pedagogía*. Ariel. Barcelona.
- Picq, L. y Vayer, P. (1977): *Educación psicomotriz y retraso mental*. Científico-médica. Barcelona.
- Posada Prieto, F. (2000): *Ideas prácticas para la enseñanza de la Educación Física*. Agonós. Lleida.

- Rivadeneyra, Mª. L. (2004): *Desarrollo de la motricidad en los distintos contextos deportivos*. Wanceulen. Sevilla.
- Ruiz Pérez, L. M. (1994). *Deporte y Aprendizaje. Procesos de adquisición y desarrollo de habilidades*. Visor. Madrid.
- Saénz-López Buñuel, P. (1997): *La Educación Física y su didáctica*. Wanceulen. Sevilla.
- Sánchez Bañuelos, F. (1992): *Bases para una didáctica de lu Educación Física y el deporte*. Gymnos. Madrid.
- Sánchez Bañuelos, F. (Coord.) (2003): *Didáctica de la Educación Física*. Prentice Hall. Madrid.
- Sánchez Rivas, E. (2008): *Unidades didácticas: diseño, desarrollo y evaluación*. Prodidac. Sevilla.
- Sayalero, M. (2003): *Atlas ilustrado de anatomía*. Susaeta. Madrid.
- Schmidt, R.A. (1993). *Apprentissage moteur et performance*. Vigot. París.
- Stenhouse, L. (1984): *Investigación y desarrollo del currículum*. Morata. Madrid.
- Tenbrink, T. D. (1981): *Evaluación. Guía para los profesores*. Narcea. Madrid.
- Toro Bueno, S. (1995): *Educación Física para niños y niñas con Necesidades Educativas Especiales*. Aljibe. Málaga.
- Viciana Ramírez, J. (2002): *Planificar en Educación Física*. INDE. Barcelona.
- Wallon, H. (1987): *Psicología y educación del niño*. Visor. Madrid.
- Zagalaz Sánchez, Mª. L. y Crespo González, M. (2000) (Coord.): *Educación Física y su didáctica*. Jabalcuz. Jaén.

www.ingramcontent.com/pod-product-compliance
Lightning Source LLC
Chambersburg PA
CBHW080558090426
42735CB00016B/3274